Das kleine Pendelbuch

Jurriaanse

Das kleine Pendelbuch

Mit Anleitung und
40 Pendelkarten

IRIS
Bücher & mehr

Hinweis des Verlages:
Die Empfehlungen, Behandlungsmethoden, Informationen, Übungen, Rezepte, Aussagen usw. in diesem Buch wurden von der Autorin und dem Verlag so weit wie möglich erprobt und inhaltlich sorgfältig kontrolliert. Der Autor und der Verlag übernehmen keinerlei Haftung für eventuellen Schaden, der durch den Gebrauch oder Mißbrauch der Information in diesem Buch entsteht. Die Information in diesem Buch ist für Interessierte gedacht und nicht als Therapie- und Diagnoseanweisung im medizinischen Sinne zu verstehen.
Zur richtigen Anwendung und Dosierung aller in diesem Buch genannten Heilmittel befragen Sie bitte Ihren Arzt und/oder Heilpraktiker.

Auskünfte: **www.irisbuch.com**

Die Originalausgabe erschien unter dem Titel *Het Praktisch Pendelboek* bei Uitgeverij Schors, © 1984, Amsterdam, Niederlande. Die erste deutsche Ausgabe erfolgte 1985 im Heinrich Hugendubel Verlag, München.

10. Auflage

Übersetzung: Clemens Wilhelm
Umschlaggestaltung: Sean Mallon

ISBN 90-6361-014-9

Anleitung zum Pendeln

Ein Pendel kann aus Gold, Silber, Eisen, Kupfer, Bronze, Holz oder Glas sein. Als Anfänger sollten Sie am besten ein Pendel aus demjenigen Material verwenden, das Ihrem Sternzeichen verwandt ist. Hinsichtlich der Form sind spitz zulaufende Pendel zu bevorzugen, wie sie in *Abbildung 1* dargestellt sind. Außerdem ist für die ersten Versuche ein nicht zu schweres Pendel zu empfehlen, das zwischen 10 und 25 g wiegen sollte. Die Kette oder der Seidenfaden, an dem es befestigt wird, sollte zwischen 20 und 30 cm lang sein. Als ungefährer Anhaltspunkt kann die Länge des Unterarms vom Ellbogen bis zur Faust genommen werden.

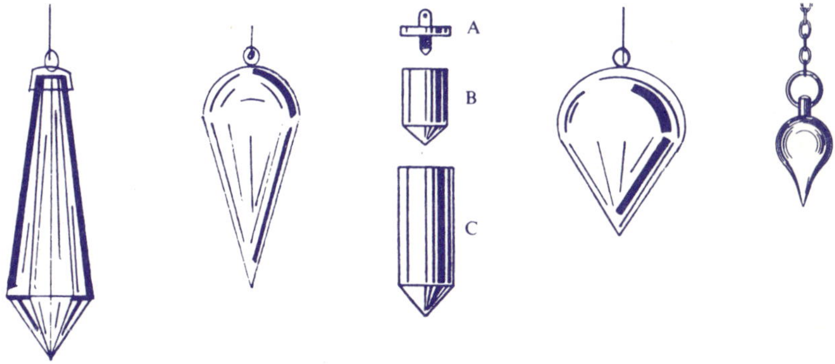

Abbildung 1

Für Anfänger empfiehlt sich die folgende Haltung: Man setzt den Ellbogen fest auf einen Tisch und hält das Pendel ein bis zwei Zentimeter über den auszupendelnden Gegenstand. Jede unnötige Anspannung, insbesondere der Arm- und Handmuskeln, ist zu vermeiden. Versuchen Sie nun, sich zu konzentrieren, ohne an etwas Bestimmtes oder Konkretes zu denken. Versetzen Sie sich in die Lage eines Menschen, der auf ein bestimmtes Ereignis wartet, aber nicht weiß, was es ist. Körper und Geist müssen sich entspannen und passiv bleiben; jede unnötige Energiezufuhr ist zu vermeiden.

Abbildung 2

Gependelt wird mit der Rechten, auch wenn Sie Linkshänder sind. Legen Sie die Linke locker auf den Rücken und spreizen Sie Daumen und Finger etwas auseinander; achten Sie darauf, daß sie nicht miteinander in Berührung kommen, da durch die Eigenpolarität der Finger Störungen entstehen können.

Legen Sie nun nach diesen Vorbereitungen einen aus Gold gefertigten Gegenstand vor sich unter Ihr Pendel und warten Sie ruhig ab, was geschieht. Die ersten Pendelbewegungen werden ein Erlebnis für Sie sein, denn Sie werden deutlich und unzweifelhaft spüren, daß nicht Ihr Arm oder Ihre Finger diese Bewegungen verursachen, sondern geheimnisvoll aufeinander einwirkende Kräfte. Seien Sie sich nun der Tatsache bewußt, daß Sie ein Teil des unendlichen kosmischen Kraftfelds sind, und machen Sie sich klar, daß Sie dieses Kraftfeld tatsächlich fühlen können. Je mehr Erfahrung Sie nun gewinnen, desto weniger streng müssen Sie sich an die oben genannten Vorschriften halten. Bei der echten Pendelmagie wird die Haltung von Hand und Fingern häufig bewußt verändert, um sich besser »einfühlen« zu können. Das Pendel kann drei verschiedene Grundfiguren beschreiben: Kreise, Ellipsen und Geraden. Es sind jedoch sehr viele Abwandlungen und Varianten möglich. *Abbildung 2* zeigt eine Übersicht über solche Figuren.

Halten Sie beim Pendeln den Blick fest auf die Pendelspitze gerichtet; achten Sie jedoch darauf, daß Ihre Augen keine gedachte Pendelbahn beschreiben, da dies das Ergebnis beeinflussen könnte. Außerdem müssen alle Gegenstände, die Sie auspendeln wollen, vorher von allen Fremdstrahlungen befreit werden, damit diese keine Einflüsse haben können. Dies erreicht man z. B. dadurch, daß man den betreffenden Gegenstand einige Zeit in fließendes Wasser hält. Man kann den Gegenstand aber auch mit der linken Hand magnetisieren. Dazu hält man diese Hand in nicht zu großer Entfernung über diesen Gegenstand und atmet einige Male tief durch. Bei jedem Atemzug stellen Sie sich vor, daß alle fremden Einflüsse, die sich dem Gegenstand verbunden haben könnten, durch Ihre magnetisch gepolte Linke beim Einatmen »aufgesaugt« werden. Wenn Sie dies einige Male getan haben, schütteln sie die Hand kräftig aus. Wenn das Pendel nun in Ruhe bleibt, wissen Sie, daß der Gegenstand von Fremdeinflüssen befreit ist.

Sie werden nun auch verstehen, daß Sie im Hinblick auf solche Fremdeinflüsse das Pendel nicht aus der Hand geben dürfen. Tragen Sie es daher möglichst immer bei sich, am besten in einem Seidentuch.

Bevor Sie nun wirklich mit dem Pendeln beginnen, laden Sie das Pendel erst auf, indem Sie es in die rechte Hand nehmen und diese einige Male behauchen. Stellen Sie sich dabei so intensiv wie möglich vor, daß Sie dabei das Pendel mit Ihrer eigenen Lebenskraft durchdringen. Vergessen Sie nicht, daß Ihre Vorstellungskraft das mächtigste Werkzeug ist, über das Sie verfügen, und daß Magie nur das Ergebnis einer in geeigneter Weise eingesetzten Vorstellungskraft ist.

Unsere erste Versuchsreihe betrifft das Auspendeln von Mineralen; damit wollen wir den Typ der Pendelfigur (Kreis, Ellipse oder geradlinige Figuren) bestimmen. Wir können damit aber auch ausprobieren, welchen Winkel zwischen 0° und 360° es beschreibt (siehe auch Pendelkarte für dynamische Werte).

Nehmen Sie nun das Pendel zur Hand (nehmen wir an, daß es aus Kupfer oder Gold ist) und legen Sie etwas Goldenes darunter. Sie werden feststellen, daß das Pendel in einem weiten Kreis nach rechts zu drehen beginnt. Wie groß der Kreis wird, hängt vom Reinheitsgrad des Goldes ab. Eine ähnliche Figur wie beim Gold erhält man bei Radium, Uran, Calcium, Kupfer, Mangan und Platin. Wenn Sie nun etwas Silbernes auspendeln, bekommen Sie eine Drehung nach links und eine Tendenz zur Ellipse. Eine ähnliche Figur ergibt sich bei Eisen, Nickel, Aluminium, Schwefel, Blei, Cadmium und noch einigen anderen Stoffen.

Ich habe bewußt mit dem Pendeln von Gold und Silber begonnen. Sie haben dadurch nämlich die Bewegungen entdeckt, die den wichtigsten Polaritäten entsprechen: Gold-Silber; Sonne-Mond; männlich-weiblich; Geist-Materie; positiv-negativ; dynamisch-rezeptiv. Eine Drehung nach rechts zeigt eine männliche Strahlung an, eine Drehung nach links eine weibliche.

Wenn Sie Ihre Experimente auf anorganische Substanzen, chemische Verbindungen, Fossilien, Pflanzen, Duftstoffe, Gewürze, Speisen usw. ausdehnen, ergibt sich eine fast unendliche Vielzahl von Möglichkeiten.

Probieren Sie jedoch diese Dinge erst aus, wenn Sie das Gefühl haben, daß Sie Ihr Pendel beherrschen und verstehen, was es Ihnen mitteilt.

Der nächste Schritt ist das Auspendeln von Farben. Färben Sie einige Bogen Papier mit Wasserfarbe oder nehmen Sie farbiges Papier und stellen Sie die Pendelbahnen der wichtigsten Farben fest. In *Abbildung 3* finden Sie ein Schema, anhand dessen Sie Ihre Ergebnisse überprüfen können. Notieren Sie sich Ihre Resultate, damit Sie Vergleiche anstellen können.

Wenn Sie in der Handhabung des Pendels so weit fortgeschritten

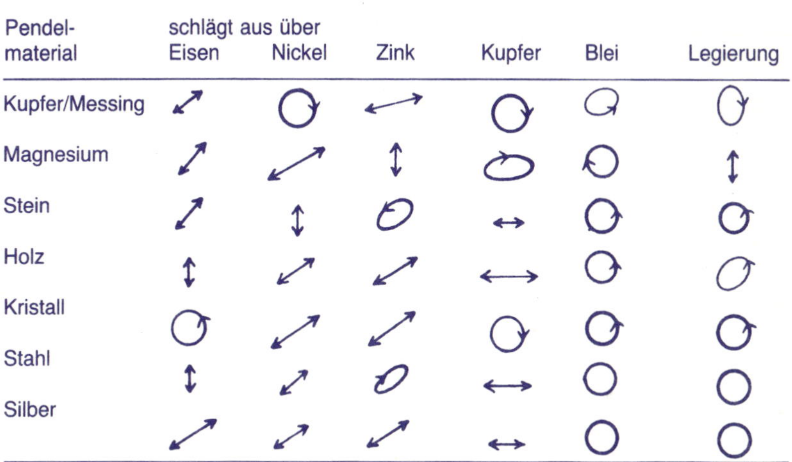

Abbildung 3

sind, daß Ihre Ergebnisse eindeutig und wiederholbar sind, gehen wir einen Schritt weiter. Sie brauchen dann beim Pendeln den Arm nicht mehr auf dem Tisch aufliegen lassen, sondern sind frei in Ihren Bewegungen. Wir gehen vom sogenannten »Figurenpendeln« über zum »Gradzahlenpendeln«. Auf der Karte der dynamischen Werte finden Sie einen Vollkreis mit Gradeinteilung und den vier Himmelsrichtungen. Jeder Gegenstand hat seine eigene Gradzahl, die Sie mit dem Pendel feststellen können. In der Tabelle neben der Karte sind die wichtigsten Stoffe und Elemente angegeben, an denen Sie sich orientieren können. Sie dienen jedoch nur als Richtschnur.

Nun beginnen wir mit der Anwendung des Pendelns beim Menschen. Mit Hilfe des Pendels können Sie die verschiedenen Körperteile untersuchen, und die Strahlungsstärke gibt Ihnen Hinweise auf das Geschlecht, den Charakter und das körperliche und seelische Befinden von Menschen. Auf diese Art können Sie feststellen, ob eine verkehrte Polarität oder eine unausgewogene Psyche vorliegt. Wenn man z. B. bei einem Mann eher Ellipsen als Kreise bekommt, kann man annehmen, daß er mehr weiblich als männlich veranlagt ist. Am deutlichsten reagiert das Pendel auf die Geschlechtsorgane; die Bewegung macht sofort deutlich, ob man es mit Sonnen- oder Mondkraft zu tun hat. Um die richtige Polarität zu finden, muß man den Daumen eines Menschen auspendeln. Im Normalfall schlägt das Pendel in weiten Kreisen aus. Beim linken Daumen muß dies im Uhrzeigersinn geschehen, beim rechten im Gegenuhrzeigersinn.

Das Pendel ist auch sehr gut geeignet, um zuverlässige Aussagen über die geistige Entwicklung eines Menschen machen zu können. Wenn Sie das Pendel mit der erforderlichen Konzentration über die Nassenwurzel eines Menschen halten, können Sie seine wichtigsten Triebfedern erfahren. Sie müssen sich dabei auf Kopf und Nerven konzentrieren. Das Pendel wird normalerweise wie beim Herzen in rechtsdrehenden Kreisen ausschlagen. Aus der Art der Kreise können Sie Schlüsse ziehen. Wichtig ist die Anzahl der Kreise, die das Pendel beschreibt, sowie deren Größe und Art.

Manchmal beschreibt das Pendel bei Kopf und Herz ein Dreieck, dessen längste Seiten nach oben gerichtet sind. Dies weist auf ein höher entwickeltes geistiges Leben hin (*Abbildungen 4 und 5).*

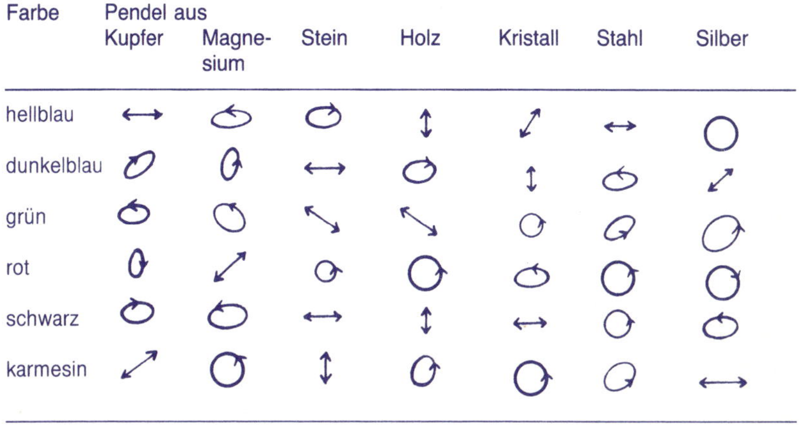

Abbildung 4

Halten Sie nun das Pendel einmal über die Brust; Sie werden dann die Kraft fühlen, die die Lungen ausstrahlen. Erkrankte Bereiche sind häufig daran zu erkennen, daß das Pendel vollständig in Ruhe bleibt. Ziehende Bewegungen des Pendels in Richtung eines Punktes, der rechts oberhalb eines Organs liegt, weisen manchmal auf Gewebezerstörungen in diesem Organ hin.

In gleicher Weise wird nun das Herz untersucht. Bei gesunden Menschen erhalten wir eine gleichmäßige rechtsläufige Pendelbewegung. Jede Abweichung in Form von unruhigen, zitternden und ziehenden Bewegungen deutet entweder auf Nervosität und Anspannung oder auf Störungen und Erkrankungen des Organs selbst hin.

Pendeln Sie nun die Magengegend und das Sonnengeflecht (Solarplexus) aus. Die meist erscheinenden großen, weiten Kreise zeigen deutlich an, wie wichtig dieser Nervenknotenpunkt ist und vermitteln einen Einblick in die Funktion und Wirkungsweise des Nervensystems.

Halten Sie das Pendel über den Körper, und Sie bekommen liegende, weite Ellipsen. Etwas weiter unten schlägt das Pendel über dem Unterleib in einer geradlinigen Querbewegung aus und weist damit auf rein vegetatives Leben hin. An dieser Stelle ist diese Reaktion in Ordnung; bei jedem anderen Körperteil ist ein solcher Ausschlag ein Alarmzeichen.

Wenn die Querbewegung nicht rechtwinklig, sondern schief zum Körper liegt, deutet dies auf sexuelle Abweichungen hin. Man kann auch Fotos, die Handschrift oder sogar den Schatten anderer auspendeln. Immer erhält man die oben angegebenen Ausschläge.

Zur Abwechslung kann man zwischendurch Versuche machen, bei denen man die Strahlungskraft erfahren kann. Sie brauchen dabei das auszupendelnde Objekt nicht mit der Hand oder dem Pendel zu berühren. Es genügt, die geschlossenen Fingerspitzen der linken Hand auf das betreffende Körperteil oder Organ zu richten. Die geistige Einstellung ist hierbei von wesentlicher Bedeutung. Sie erhalten die gleichen Ergebnisse wie vorher, und Sie erhalten Sie sogar dann, wenn Sie sich die betreffenden Organe oder Körperteile nur vorstellen und diese Vorstellung auf ein weißes Blatt Papier projizieren.

Auf diese Weise können Sie auch das Wichtigste über den Charakter erfahren. Hinsichtlich der Charakteruntersuchung mit Hilfe des Pendels gibt es sehr unterschiedliche Meinungen. Dies ist nicht verwunderlich, wenn man bedenkt, aus wie vielen Schwingungen und Schwingungsabstufungen die Persönlichkeit aufgebaut ist.

Halten Sie das Pendel über die Mitte der Brust und konzentrieren Sie sich auf das Auspendeln des Charakters. Zunächst erhalten Sie nun die bekannten Kreise und Ellipsen. Wenn diese klein und eng sind, deutet dies auf Engstirnigkeit hin. Wenn eine senkrechte Linie entsteht, deutet dies auf Egoismus und Eigensinn hin. Wenn die Linie lang ist und das Pendel heftig ausschlägt, ist die betreffende

Person energisch und zielstrebig, kümmert sich wenig um andere und ist möglicherweise sogar rücksichtslos. Schlägt das Pendel in ruhigen, weiten Kreisen und Ellipsen aus, dann haben Sie es mit einem sehr konstruktiven Charakter zu tun. Manchmal sind die Pendelfiguren erst eng und werden dann nach und nach weiter. Dies bedeutet, daß der betreffende Mensch die engen Grenzen seiner Existenz durchbrochen hat und in eine Phase geistigen Wachstums getreten ist. Werden anfänglich weite Kreise immer enger und kleiner, dann ist eine entgegengesetzte Entwicklung im Gange. Wenn sich die vom Pendel beschriebenen Figuren zu einer liegenden Ellipse erweitern, deutet dies auf Toleranz, Mitgefühl und tiefe Einsicht in die Schwachheit des Menschen hin.

Wenn die Linien nach unten in Richtung der Füße laufen, deutet dies auf großes Interesse an den Gütern der Erde, vielleicht sogar eine materialistische Einstellung hin. Wenn der entstehende Kreis an der oberen Seite etwas abgeplattet ist, so daß das Großhirn nicht eingeschlossen wird, deutet dies auf einen Mangel an Intelligenz und fehlendes spirituelles Interesse hin. In diesem Fall beschreibt das Pendel nur eine Figur: bei Männern nur neutrale Kreise, bei Frauen nur neutrale Ellipsen, die beide auf rein vegetative Funktionen hinweisen.

Eines muß man sich jedoch immer vor Augen halten: Bei all diesen Experimenten können Gedankenschwingungen, die von Ihnen selbst oder von anderen herrühren, störend wirken. Es ist klar, daß gerade das Pendel sehr anfällig für Gedankenschwingungen ist. Gerade weil mit einer Beeinflussung des Pendels zu rechnen ist, muß man um so vorsichtiger zu Werke gehen.

An dieser Stelle muß nun auch noch ein anderer Faktor angesprochen werden. Alle Stimmungen, Gemütsbewegungen und Schwingungen anderer gehen auf Sie über, und Sie können deren Einfluß in dem Arm, in dem Sie das Pendel halten, deutlich spüren. Auch Krankheiten können über das Pendel übertragen werden. Vergessen Sie daher nicht, sich in geeigneter Weise (rhythmisches Atmen) zu schützen. Wenn Sie harmonische Menschen auspendeln, schlägt das Pendel in großen, weiten, ruhigen Kreisen aus, und häufig ist der Faden oder die Kette nicht lang genug, um den wahren Radius erkennen zu lassen. Beim Auspendeln unharmonischer Menschen empfinden Sie häufig Widerwillen und Abscheu, es beginnt im Arm zu ziehen, Sie werden müde oder das Pendel entgleitet Ihnen, und Sie können nicht weiterarbeiten.

DAS AUSPENDELN DES KÖRPERS

Großhirn, Gesicht	○ (△)	Eingeweide	⬭
Kleinhirn, Unterkiefer, Hals	◯	Unterleibsorgane	↔
rechte Lungenspitze	⤡	rechtes Bein, Oberschenkel	↕
Bronchien	↕	rechtes Bein, Knie	○
linke Lungenspitze	⤢	rechtes Bein, Unterschenkel	↓
Herz	○ (△)	linkes Bein, Oberschenkel	↓
Lungen	○	linkes Bein, Knie	○
Magen	◯	linkes Bein, Unterschenkel	↓
Leber	⬭	Füße	○
Sonnengeflecht	◯	Lebenskraft	großer oder kleiner Kreis

Abbildung 5

In einem solchen Fall ist es wichtig, sofort rhythmisch ein- und auszuatmen, damit Sie sich von den negativen Schwingungen, die Sie ergreifen möchten, befreien können. Wenn Sie während des Auspendelns von Menschen ein eigenartiges Ziehen des Pendels nach unten spüren, müssen Sie dies als ungünstig betrachten. Wenn dabei auch noch die gefürchtete Ost-West-Linie entsteht, ist dies um so schlimmer. Auch ein- oder mehrmaliger Drehsinnwechsel des Pendels weist beim Auspendeln von Charakteren auf das Vorhandensein ungünstiger Tendenzen hin. Sie haben damit genug über das Pendeln gelernt, um selbst weiter experimentieren zu können. Vor allem beim Charakterpendeln müssen Sie zu den Schlüssen kommen, die für Sie gültig sind und auf die Sie sich guten Gewissens verlassen können.

Versuchen Sie auch einmal, Ihren eigenen Charakter zu analysieren; schreiben Sie die gefundenen Charaktereigenschaften auf und überprüfen Sie, mit welchen Figuren sie das Pendel anzeigt. Wenn man in dieser Weise übt, kann man auf dem Gebiet der Selbsterkenntnis ausgezeichnete Ergebnisse erzielen.

Es wird nach dem Gesagten nicht erstaunen, daß man mit dem Pendel auch Sympathie und Antipathie – Anziehung und Abstoßung – zwischen Menschen, Tieren, Pflanzen und Mineralen feststellen kann. Ein umschließender Kreis zeigt Sympathie, Zuneigung und Verbundenheit an, eine Trennlinie Abwehr und Antipathie.

Wenn man wissen will, ob zwei Menschen zueinander passen, kann man das Pendel zwischen beider rechte Hände halten. Das Pendel wird Ihnen die Antwort geben.

So kann man auch entdecken, welche Stoffe man gebrauchen kann und welche nicht. Legen Sie die Linke auf den Tisch und daneben z. B. etwas Tabak. Halten Sie nun das Pendel dazwischen und konzentrieren Sie sich auf Anziehung und Abstoßung. Wenn Sie mit dem betreffenden Stoff positive Ergebnisse erzielen können, gibt das Pendel dies mit großen Kreisen an, die manchmal die ganze Hand einschließen. Im gegenteiligen Fall wird zwischen Hand und Gegenstand eine deutliche Trennung gebildet, und Sie tun gut daran, sich des betreffenden Stoffs zu enthalten.

In dieser Weise können Sie auch Heilmittel auf Nutzen und Art auspendeln.

Ein ganz besonderes Gebiet ist das Pendeln von Krankheiten. Wer sich hiermit in etwa auskennen will, muß sich sehr intensiv damit beschäftigen. Ich kann hier nicht mehr als einige Hinweise geben. Hysterie z. B. verursacht nervöse, lebhafte Pendellinien, die etwas »Aufregendes« haben; schwache Nerven werden durch Ost-West-Linien angegeben, die immer kleiner werden und schließlich aufhören; eine schwache Denkkraft zeigt sich an nervösen Linien über der Stirn, bei denen das Pendel an den Enden der Linien wie gegen feste Wände stößt, die es zurückprallen lassen.

Nun wollen wir uns dem Auspendeln von Edelsteinen zuwenden. Sie wissen, daß Edelsteine magische Kräfte in sich bergen, die den Menschen positiv oder negativ beeinflussen können. Man muß natürlich wissen, welcher Edelstein zu jemandem paßt. Gerade heute, wo synthetische Edelsteine hergestellt werden, die sich hinsichtlich Zusammensetzung, Gewicht, Härte und anderer Merkmale fast nicht von echten unterscheiden lassen und selbst den Fachmann in Verlegenheit bringen können, bringt das Pendel Hilfe.

Wenn Sie sich auf die Lebenskraft der Steine konzentrieren, wird diese bei echten ganz deutlich angezeigt, während das Pendel bei falschen Steinen stillsteht. Das Pendel kann in diesem Fall sogar Hinweise darauf geben, aus welchen chemischen Substanzen der betreffende unechte Stein zusammengesetzt ist.

Bei allen Versuchen mit dem Pendel, die bisher beschrieben wurden, müssen Sie grundsätzlich die Arbeitsweise der ersten Übung beibehalten. Nur so entwickeln Sie allmählich das Gespür für das Pendeln. Sie können dann die Pendelform und die Fingerhaltung verändern und schließlich feststellen, wie Sie den höchsten Empfindlichkeitsgrad erreichen, so daß Sie auch noch die feinsten Schwingungen empfangen können. *Abbildung 6* zeigt Ihnen einige

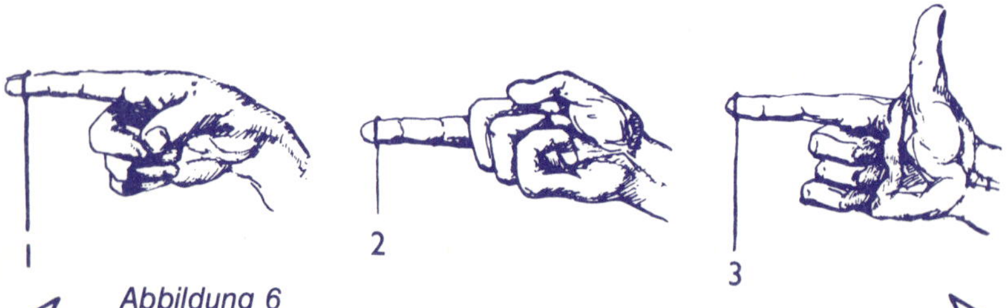

Abbildung 6

Möglichkeiten. Für grobe Schwingungen eignen sich am besten die Fingerhaltungen 1 und 2; verwenden Sie hierbei ein konisches oder zylindrisches Pendel.

Auf jeden Fall muß das Pendel eine große Oberfläche besitzen und einigermaßen schwer sein, damit die betreffenden Kraftfelder gut empfangen werden können. Je feiner die Schwingungen sind, desto feiner muß auch das Pendel sein und desto besser muß die Fingerhaltung auf kosmische Strahlungen abgestimmt sein.

Versuchen Sie einmal, die Od-Strahlung (die Aura) eines Menschen auszupendeln. Legen Sie hierzu die Versuchsperson auf den magnetischen Meridian (Kopf nach Norden, Füße nach Süden) und treffen Sie alle Vorkehrungen, um Fremdeinflüsse auszuschalten. Versuchen Sie selbst so passiv wie möglich zu sein, und beginnen Sie dann zu pendeln.

Es sind zwei Vorgehensweisen möglich: Sie können Ihre Linke in 10 bis 30 cm Abstand über den Körper der Versuchsperson gleiten lassen und sich auf die Ausstrahlung konzentrieren, oder Sie bringen das Pendel in diese Höhe über dem Körper. Achten Sie besonders auf die Knotenpunkte der Lebenskraft, d. h. Sonnengeflecht, Zirbeldrüse, Herz und Geschlechtsorgane.

Es ist sehr wichtig, die Spannungsverhältnisse zwischen Od-Strahlen und fremden Kräften kennenzulernen, denn jeder Mensch hat sein eigenes Kraftfeld, das das Wesen der Dinge erkennen kann. Ständig entwickelt man sich weiter, und so wird man sich des Kerns seines eigenen Wesens bewußt. Auf diesem Weg kann Ihnen das Pendel eine große Hilfe sein, und das macht seinen eigentlichen Wert aus.

PENDELKARTEN

Lapislazuli	Freundschaftsstein
Chrysopras	gegen Halsschmerzen
Olivin	gegen böse Einflüsse
Jaspis	stärkt Magen, Leber und Nieren
Granat	stärkt die Willenskraft
Onyx	stärkt das Gehör
Malachit	stärkt Herz, Auge und Nerven
Rutil	gegen Bronchitis und Asthma
Bergkristall	stärkt Rücken und Sonnengeflecht
Opal	Unglücksstein, zieht Verblendung an
Tigerauge	erwärmt, gegen Angst
Diamant	gibt Selbstvertrauen
Saphir	gibt Nüchternheit, Gemütsruhe und Treue
Beryll	stärkt Augenlicht und Leber
Smaragd	stärkt Verstand und Gedächtnis
Aquamarin	hält jung; fördert das Eheglück
Hyazinth	fördert Träume; gegen Allergien
Rubin	wehrt Fäulnis, Fieber und Melancholie ab
Koralle	gegen Blutarmut
Türkis	wehrt Unglück ab; erfüllt Wünsche
Topas	wehrt Feindschaft und falsche Freunde ab
Amethyst	gegen Trunkenheit, Schlaflosigkeit und Migräne
Bernstein	fördert das Zahnen
Mondstein	macht fruchtbar; macht die Mitarbeiter loyal und inspiriert in der Liebe

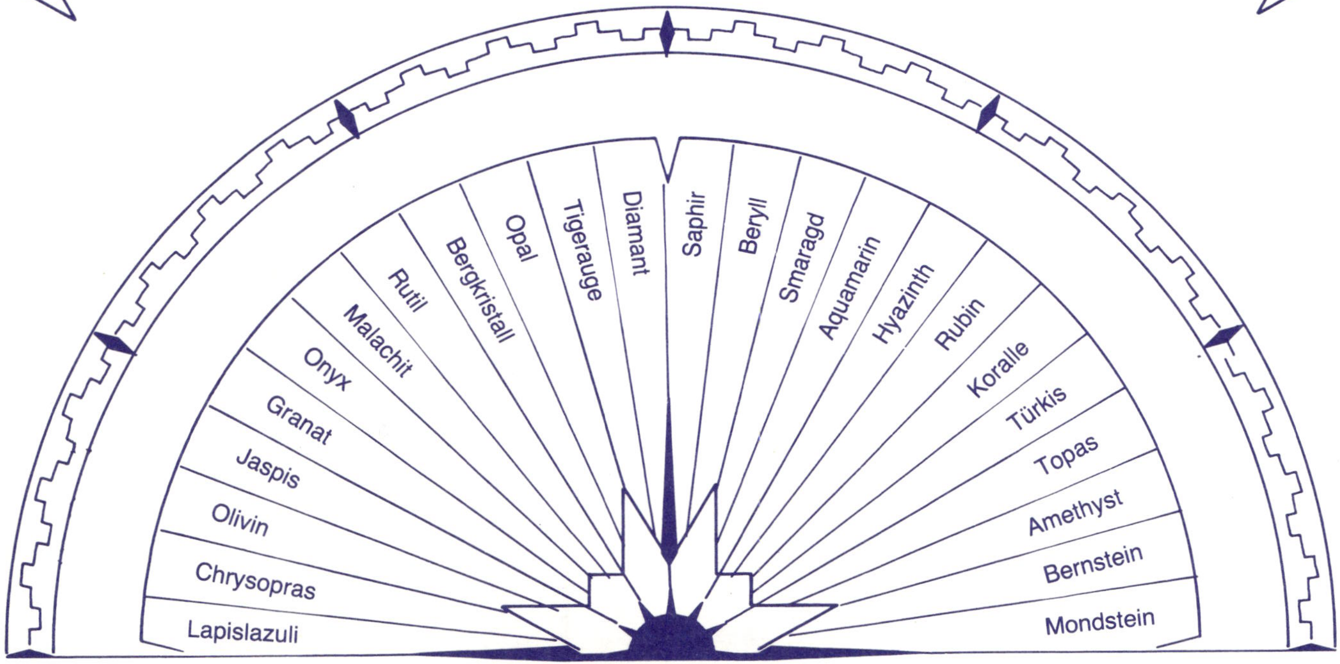

Welcher (Halb)Edelstein paßt am besten zu mir?

Dunkelrot	temperamentvoll
Feuerrot	triebhaft
Scharlachrot	sinnlich
Rosa	fröhlich
Orange	ehrgeizig
Lachsfarben	unerwachsen
Ockergelb	falsch, verschlagen, eifersüchtig
Hellgelb	geistig aktiv
Zitronengelb	spirituell
Grün	liebenswürdig
Apfelgrün	musikalisch
Olivgrün	melancholisch
Marineblau	solide
Königsblau	treu
Blaugrün	Selbstvertrauen
Hellblau	oberflächlich
Graublau	abergläubisch
Violett	intuitiv
Lila	heilkräftig
Rotbraun	ohne Hoffnung
Dunkelbraun	geizig, habsüchtig
Schwarz	verdrießlich, Trauer
Grau	Angst, Furcht
Weiß	perfektionistisch

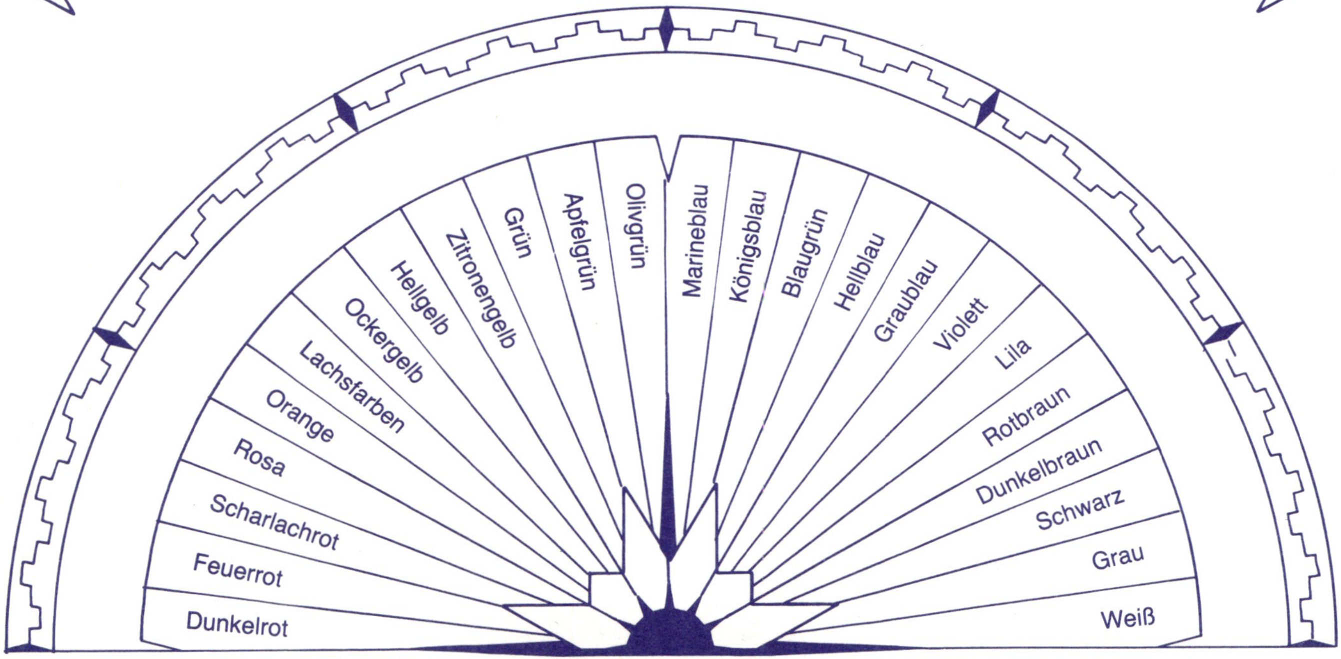

Welche Farbe paßt zu mir?
Welche Farbe muß ich vorzugsweise tragen?
Mit welcher Farbe muß ich mich umgeben?

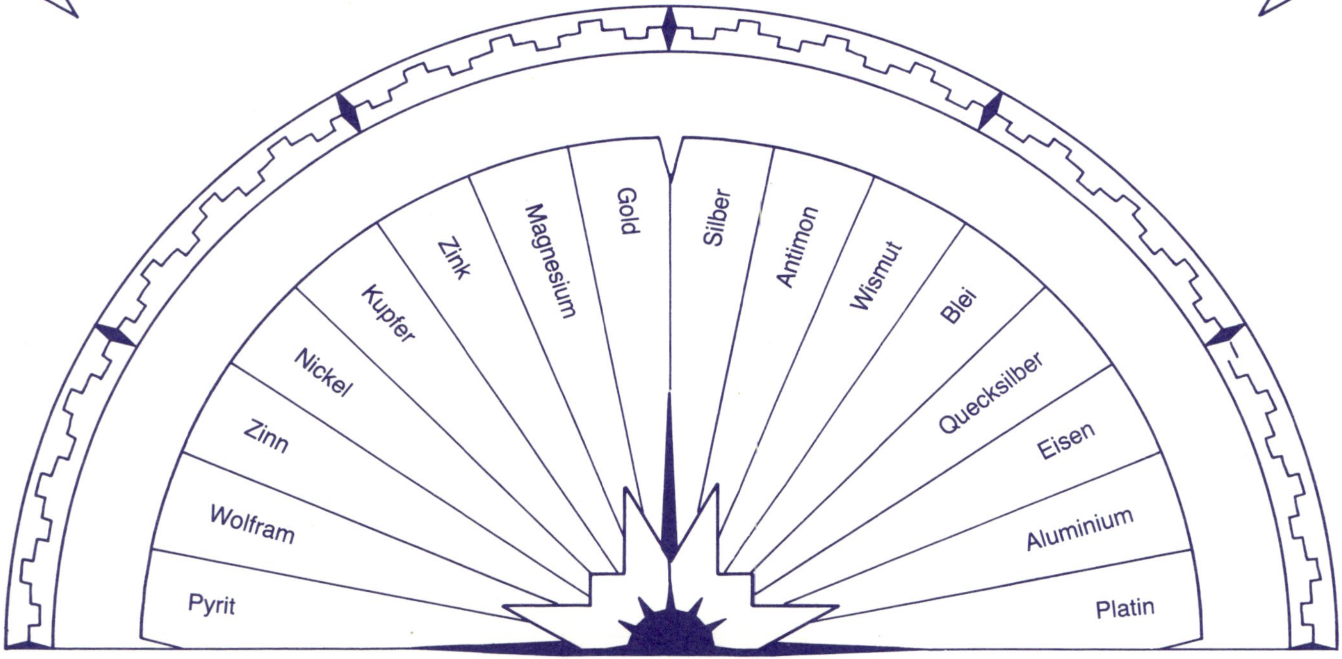

Welches Metall paßt am besten zu mir?

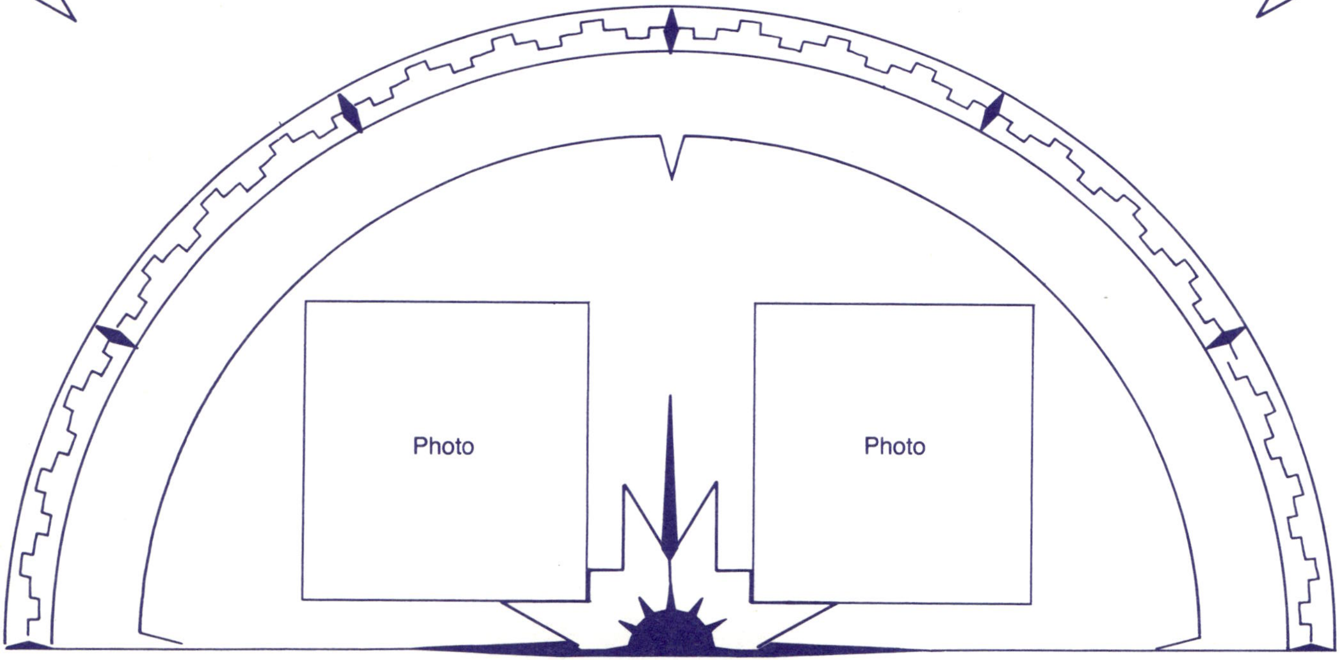

Ist dies ein guter Partner?
Ist dies ein guter Freund?
Ist dies ein guter Geschäftspartner?

Tabelle der dynamischen Werte

ELEMENTE

Wasserstoff	0°
Gold	0°
Diamant	5°
Silber	45°
Zink	67,5°
Palladium	90°
Uran	100°
Kupfer	112,5°
Iridium	120°
Zinn	125°
Aluminium	130°
Platin	135°
Nickel	140°
Kobalt	145°
Blei	150°
Eisen	157,5°
Selen	175°
Phosphor	177,5°
Schwefel	180°
Quecksilber	270°
Stickstoff	270°
Chlor	355°
Sauerstoff	360°

EDELSTEINE

Diamant	5°
Chrysolith	247,5°
Opal	247,5°
Bergkristall, rein	267,5°
gew. Quarz	270°
Chalcedon	270°
roter Turmalin	280°
Granat	292,5°
Jaspis	295°
Rauchtopas	297,5°
edler Turmalin	290°
Lapislazuli	290°
Saphir	322,5°
Beryll	290°
Smaragd	297,5°
Aquamarin	300°
Smaragd, hellgrün	302,5°
Chrysoberyll	305°
Hyazinth, hellrot	305°
Hyazinth, dunkelrot	315°
grauer Turmalin	272,5°
roter Turmalin	ca. 280°
schwarzer Turmalin	290°
Rubin	312° 315°

FARBEN

kobaltblau	315°
indigoblau	255°
hellblau	217,5°
hellorange	222,5°
hellrot	215°
hellviolett	230°
hellbraun	240°

VERSCHIEDENES

Wasserstoff	0°
Eis, Schnee	202,5°
Regenwasser, dest. Wasser	180°
Messing	ca. 105°
Silber/Kupfer Leg. 50/50	77,5°
Gußeisen	150°
Stahl	152,5°
Magneteisenstein	330°
Humusboden	292,5°
Urin	270°
Menschlicher Auswurf	315°
Coffein	265°
Tein	267,5°
Morphin	292,5°

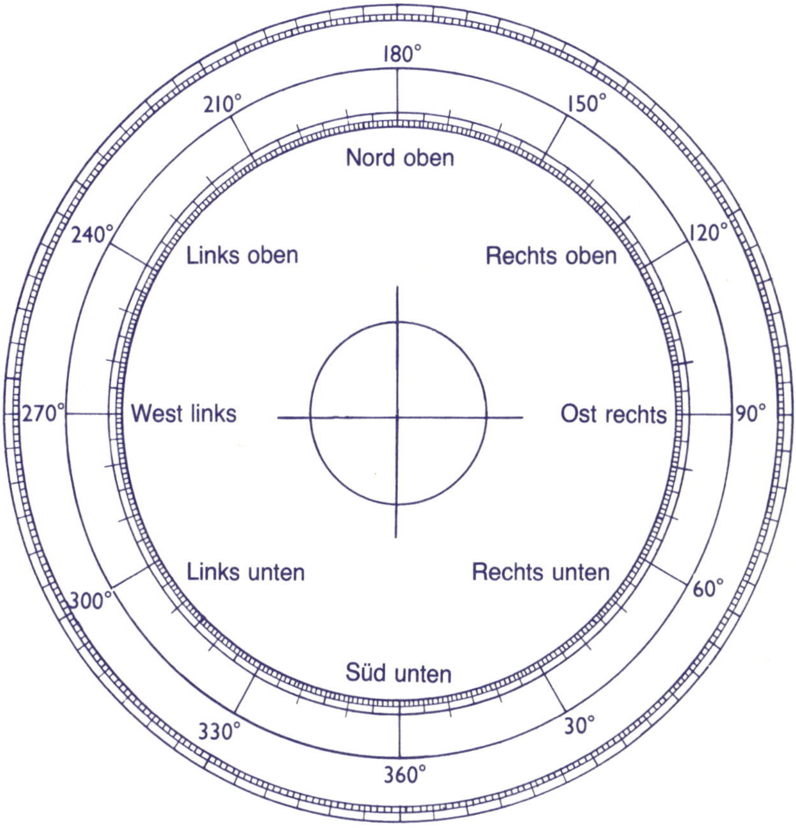

Dynamische Werte

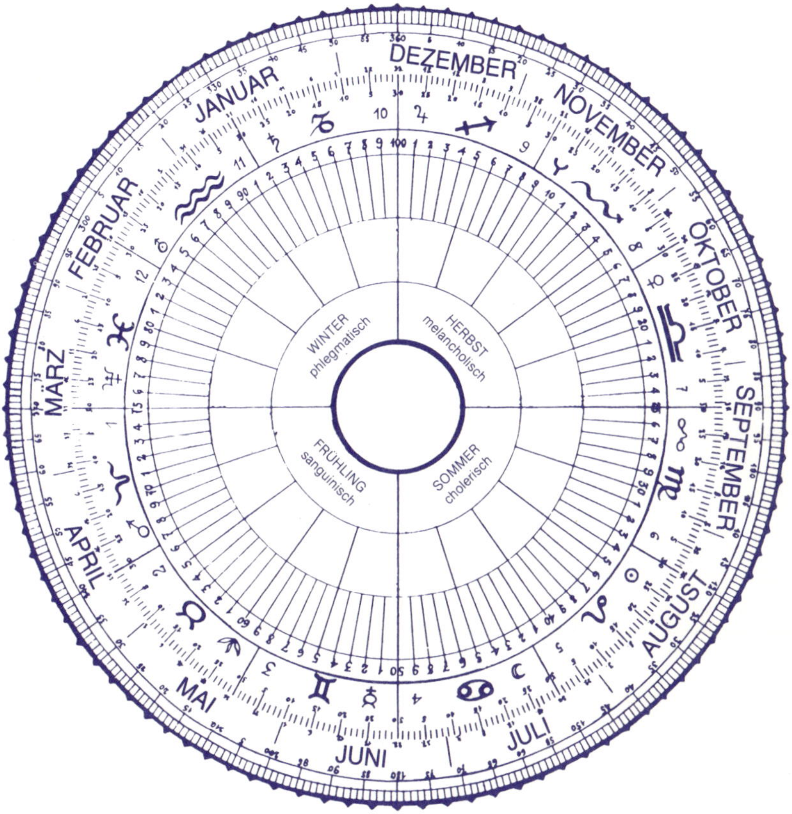

Mehrzweck-Pendelkarte

1. Monatediagramm mit Tagen
2. Jahreszeitendiagramm
3. Temperamentdiagramm
4. Astrologisches Diagramm
5. Rechtsläufige Gradeinteilung (100 und 360°)

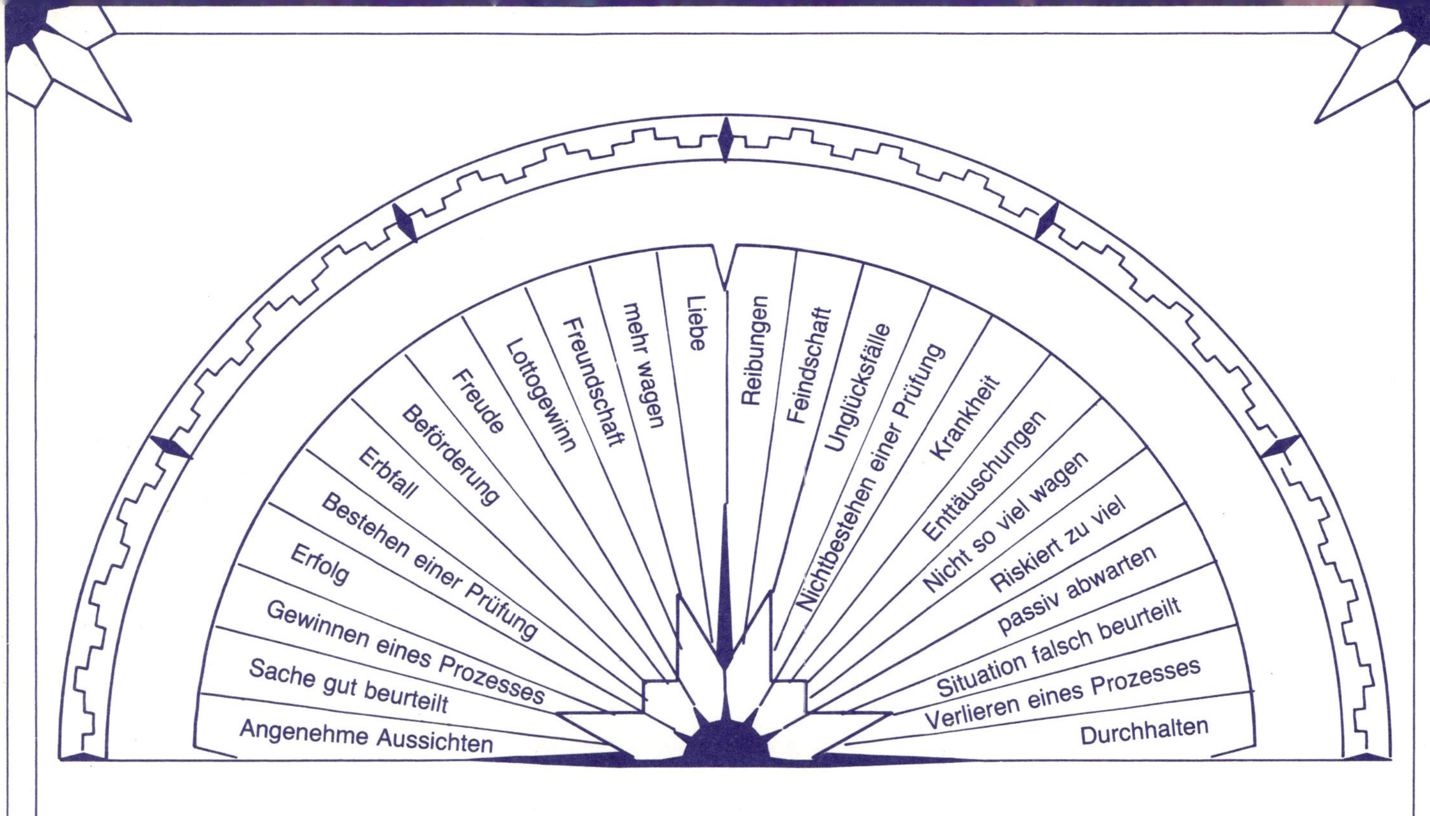

Fragen über das Schicksal – was steht mir bevor?

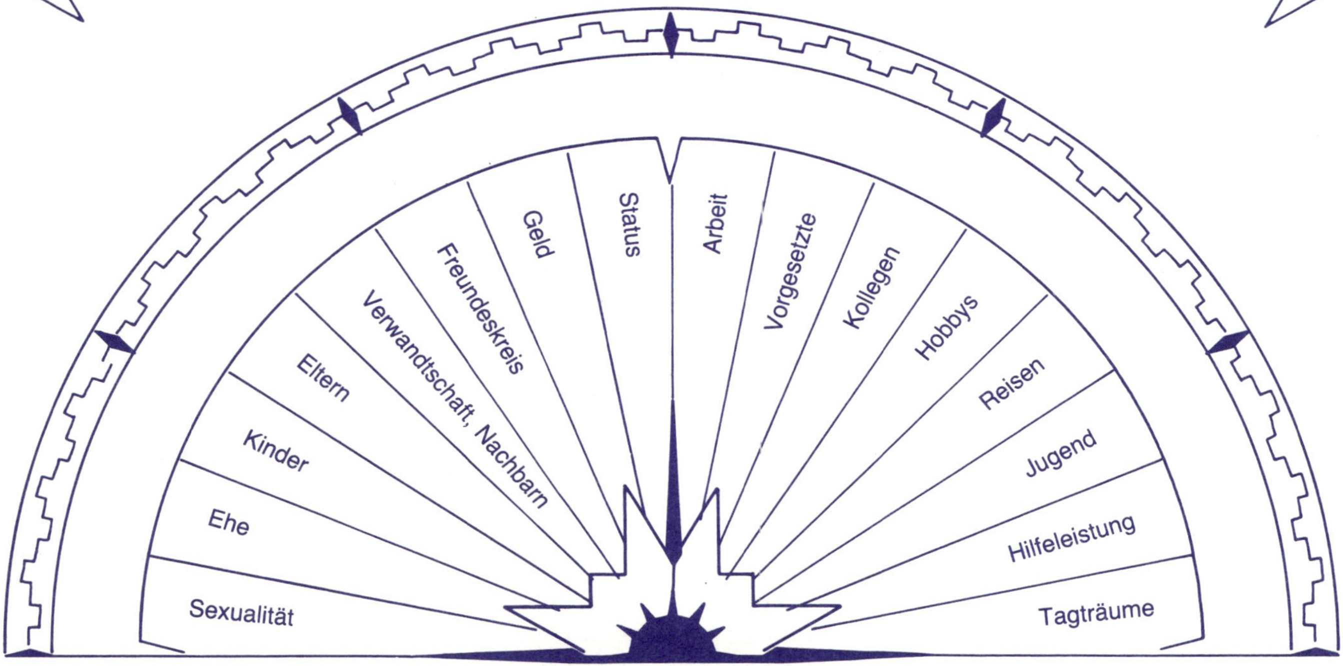

Welcher Faktor spielt eine große Rolle in meinem Leben?

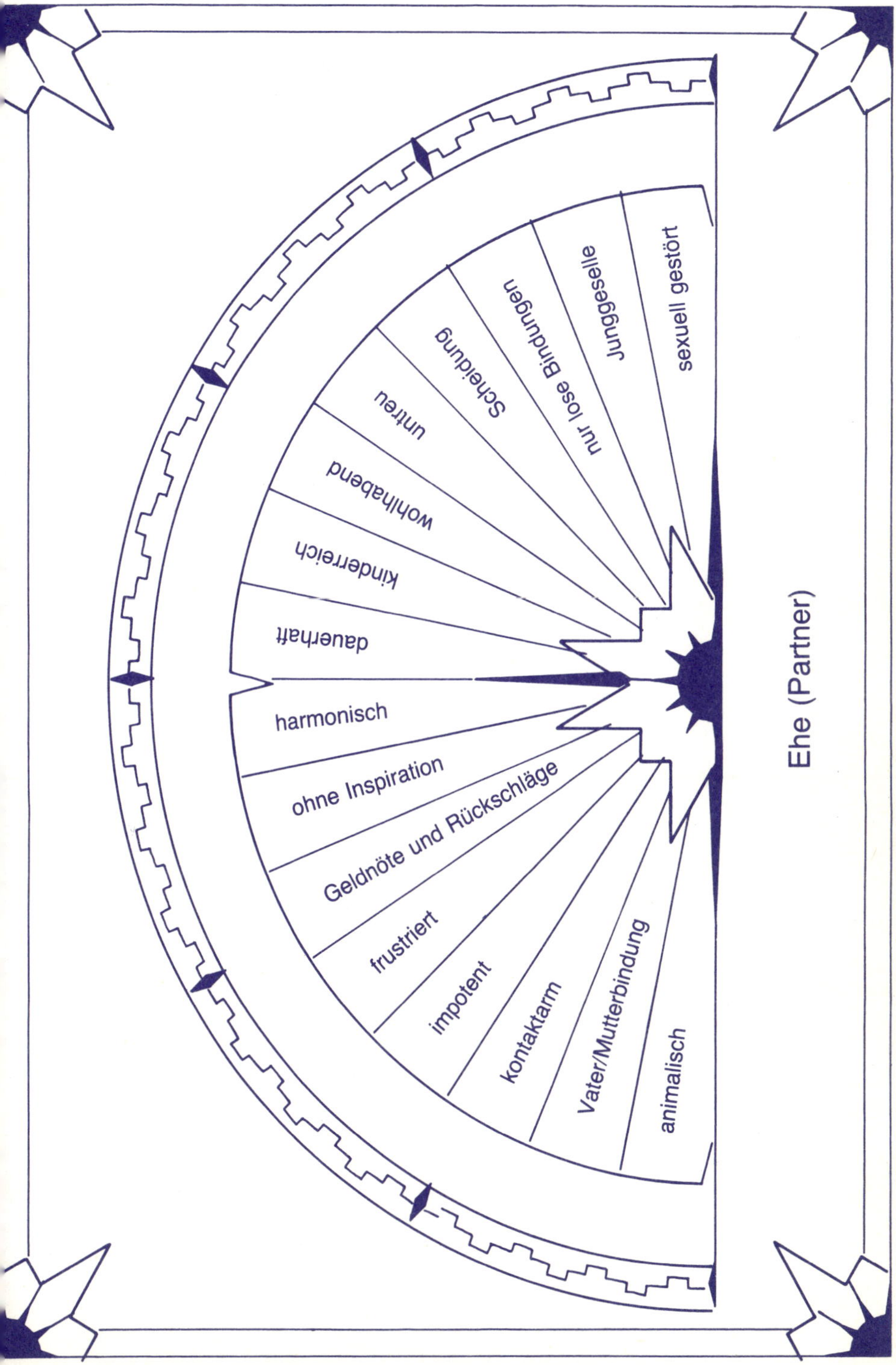
Ehe (Partner)
harmonisch
dauerhaft
kinderreich
wohlhabend
untreu
Scheidung
nur lose Bindungen
Junggeselle
sexuell gestört
ohne Inspiration
Geldnöte und Rückschläge
frustriert
impotent
kontaktarm
Vater/Mutterbindung
animalisch

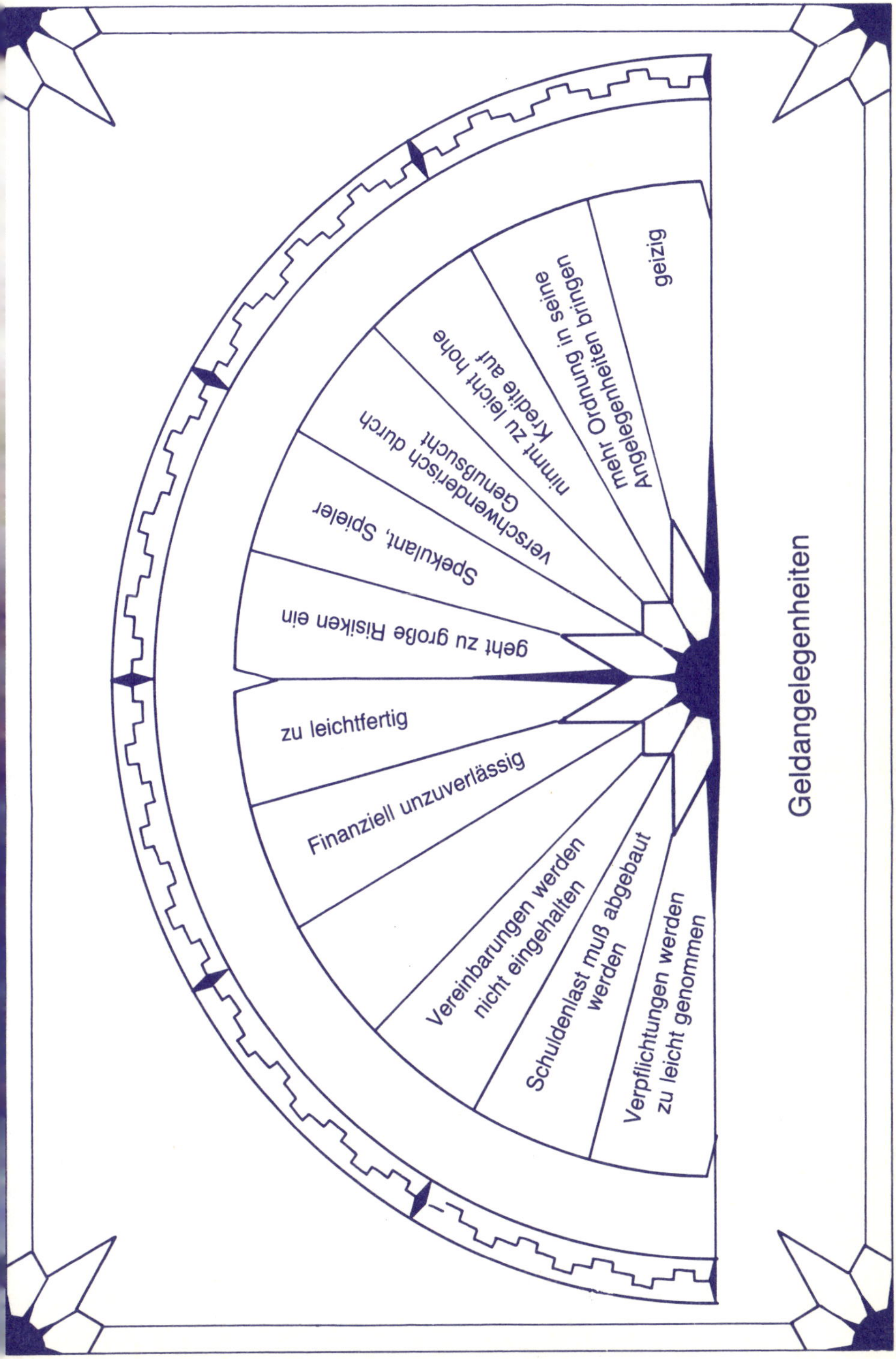

Geldangelegenheiten
geizig
mehr Ordnung in seine Angelegenheiten bringen
nimmt zu leicht hohe Kredite auf
verschwenderisch durch Genußsucht
Spekulant, Spieler
geht zu große Risiken ein
zu leichtfertig
Finanziell unzuverlässig
Vereinbarungen werden nicht eingehalten
Schuldenlast muß abgebaut werden
Verpflichtungen werden zu leicht genommen

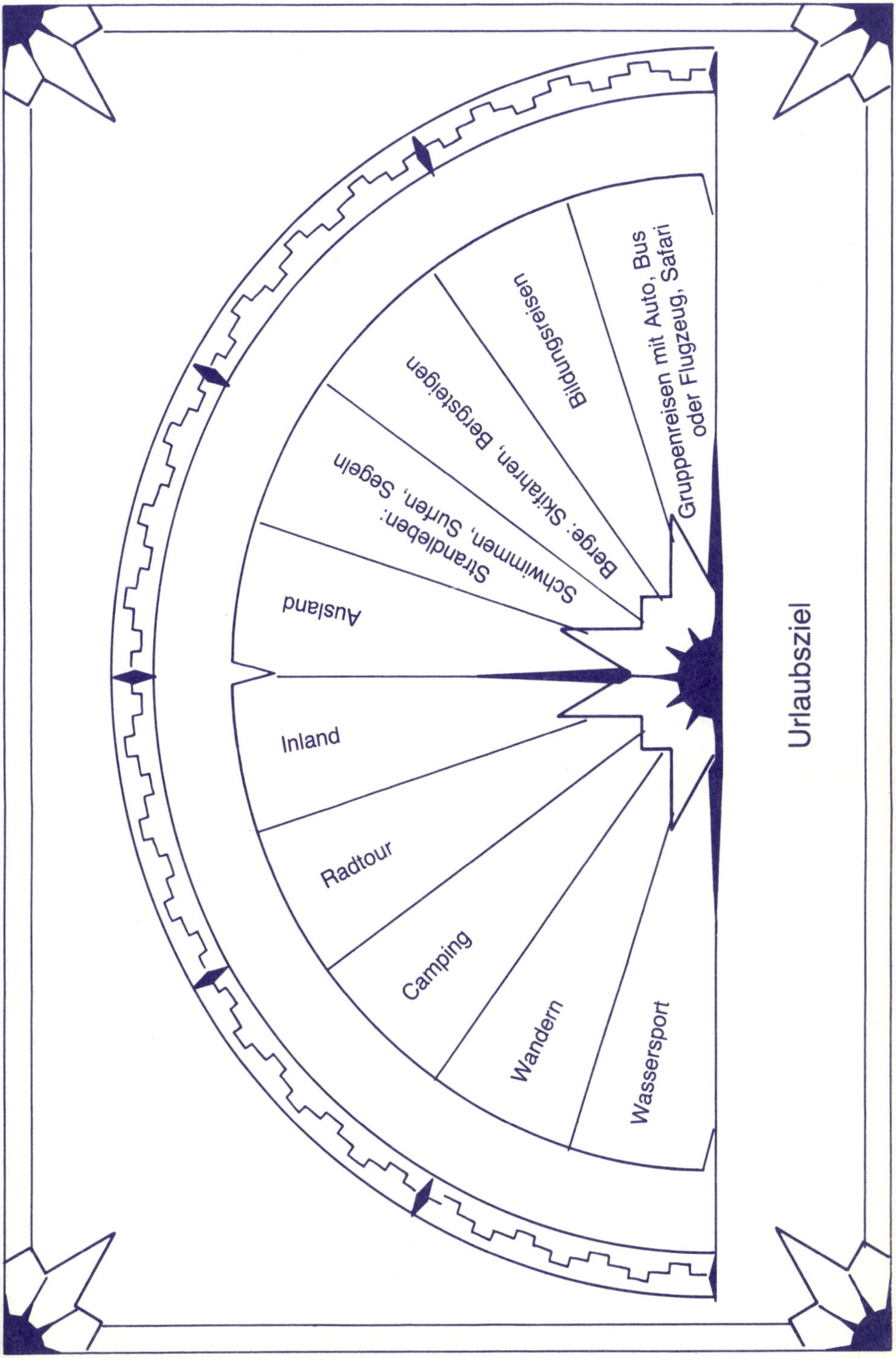
Urlaubsziel
Wassersport
Wandern
Camping
Radtour
Inland
Ausland
Strandleben:
Schwimmen, Surfen, Segeln
Berge: Skifahren, Bergsteigen
Bildungsreisen
Gruppenreisen mit Auto, Bus
oder Flugzeug, Safari

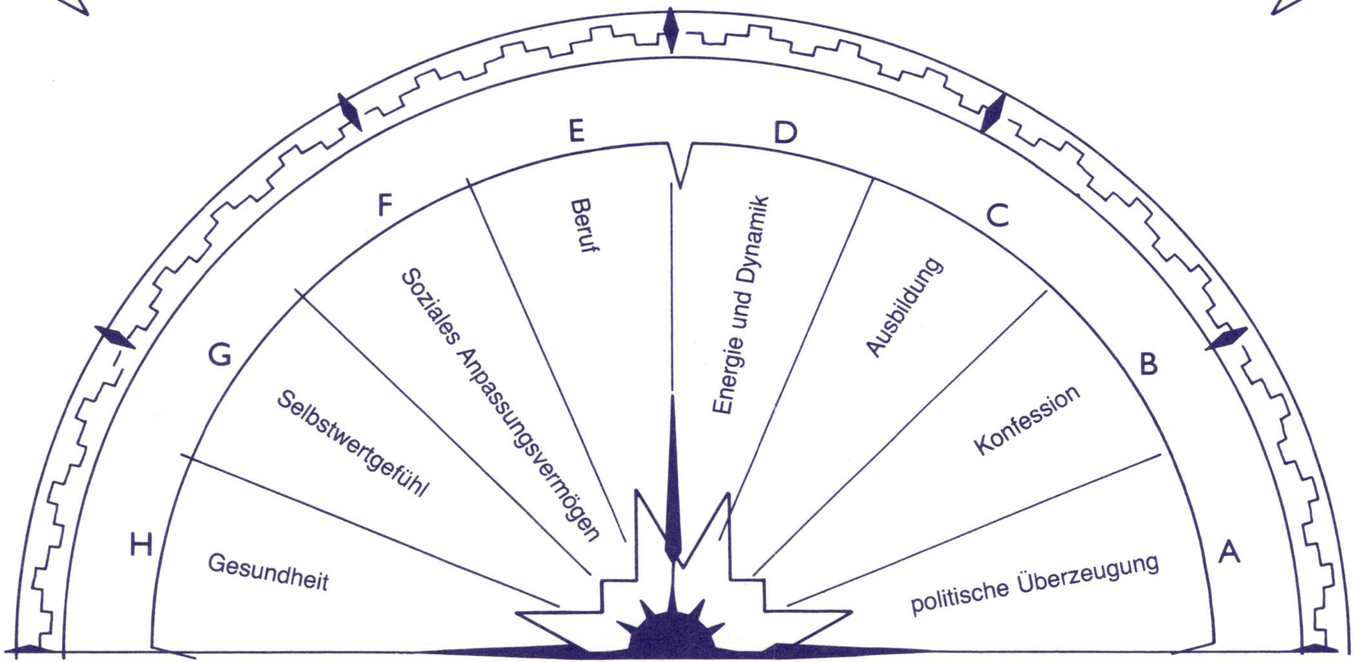

Was steht meinem Lebensglück im Wege?
(weitere Einzelheiten zu diesen Gebieten siehe Karten A–H)

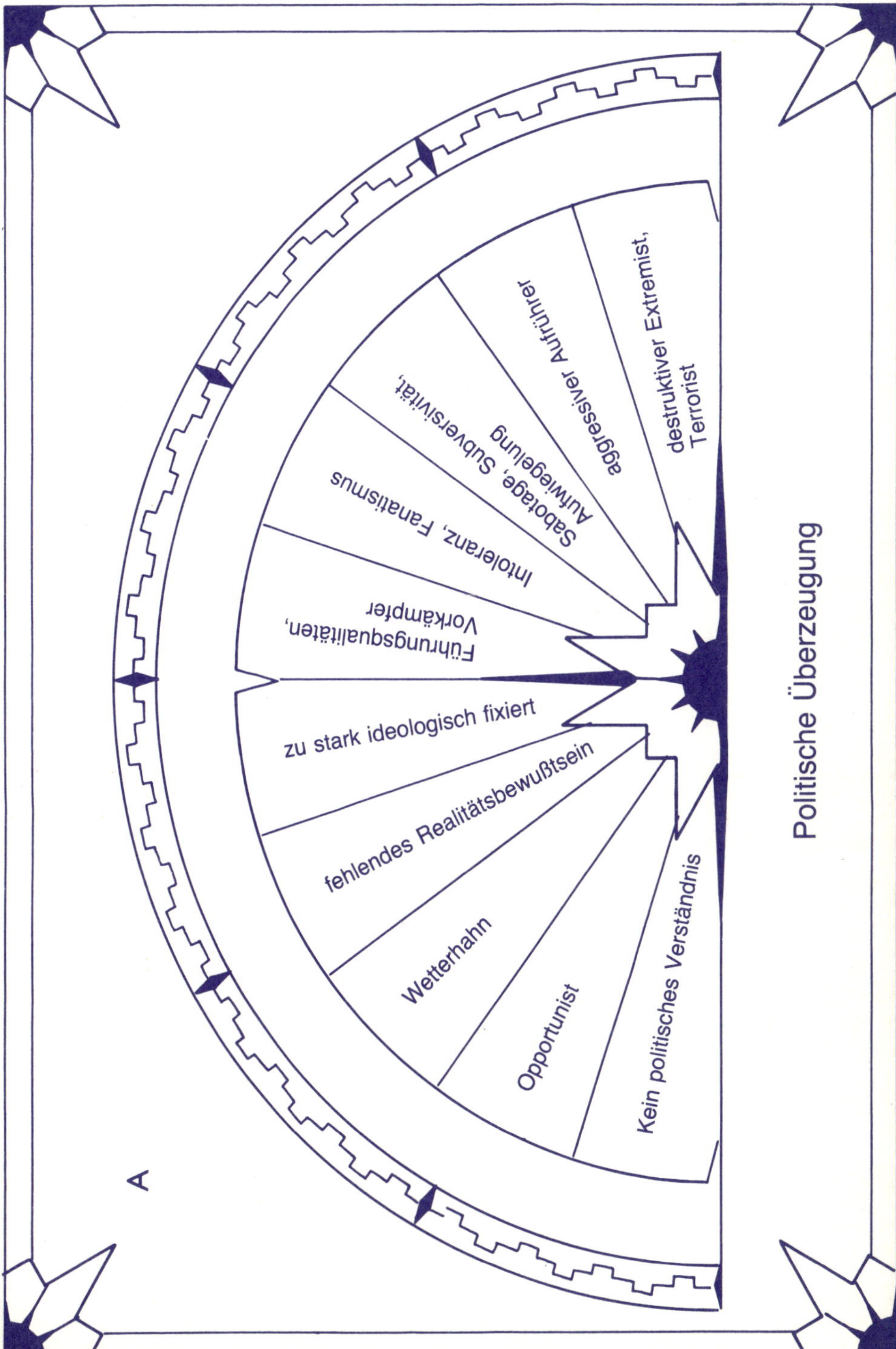
A
Politische Überzeugung
Kein politisches Verständnis
Opportunist
Wetterhahn
fehlendes Realitätsbewußtsein
zu stark ideologisch fixiert
Führungsqualitäten,
Vorkämpfer
Intoleranz, Fanatismus
Sabotage, Subversivität,
Aufwiegelung
aggressiver Aufrührer
destruktiver Extremist,
Terrorist

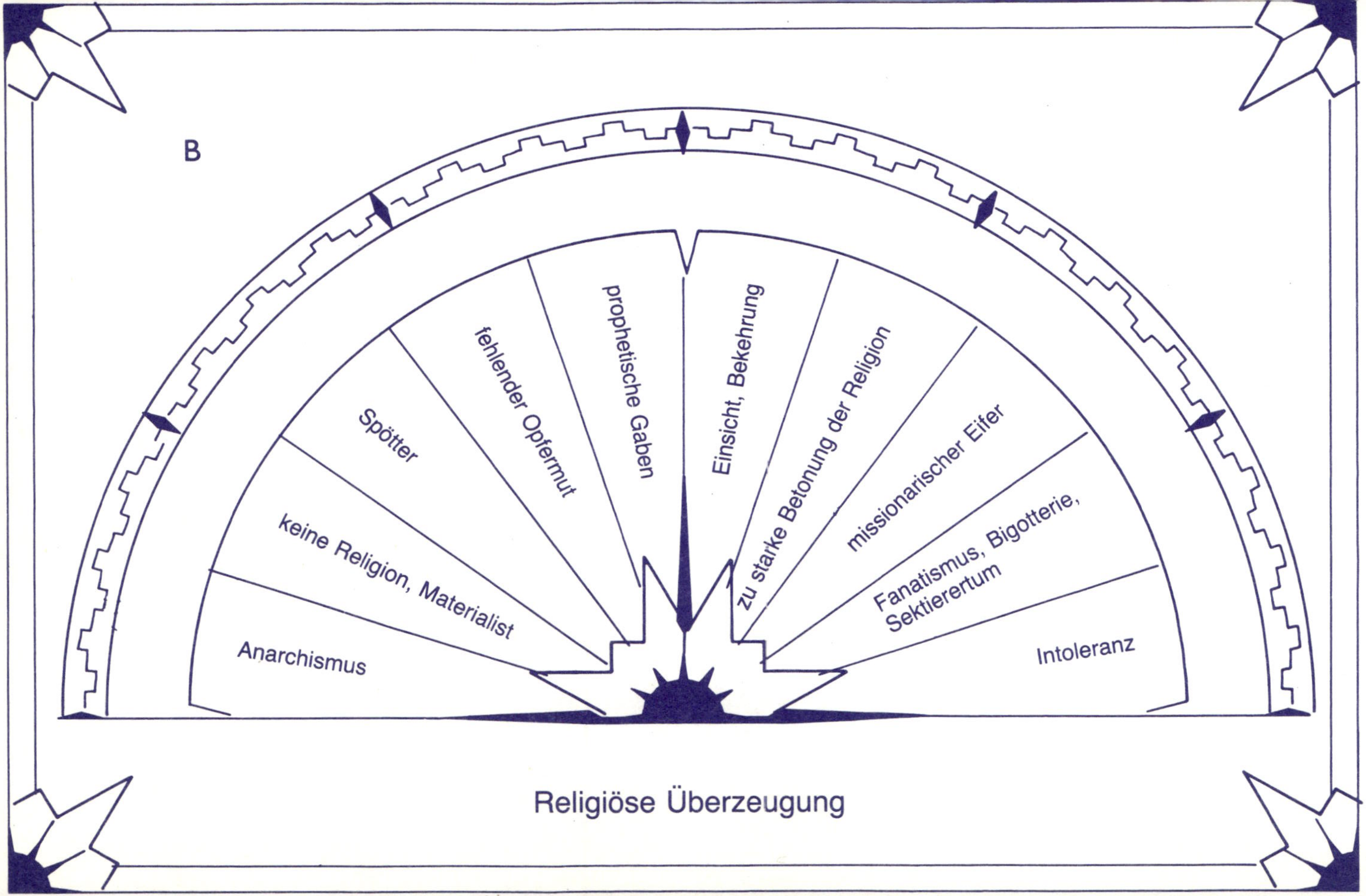
B
Anarchismus
keine Religion, Materialist
Spötter
fehlender Opfermut
prophetische Gaben
Einsicht, Bekehrung
zu starke Betonung der Religion
missionarischer Eifer
Fanatismus, Bigotterie,
Sektierertum
Intoleranz
Religiöse Überzeugung

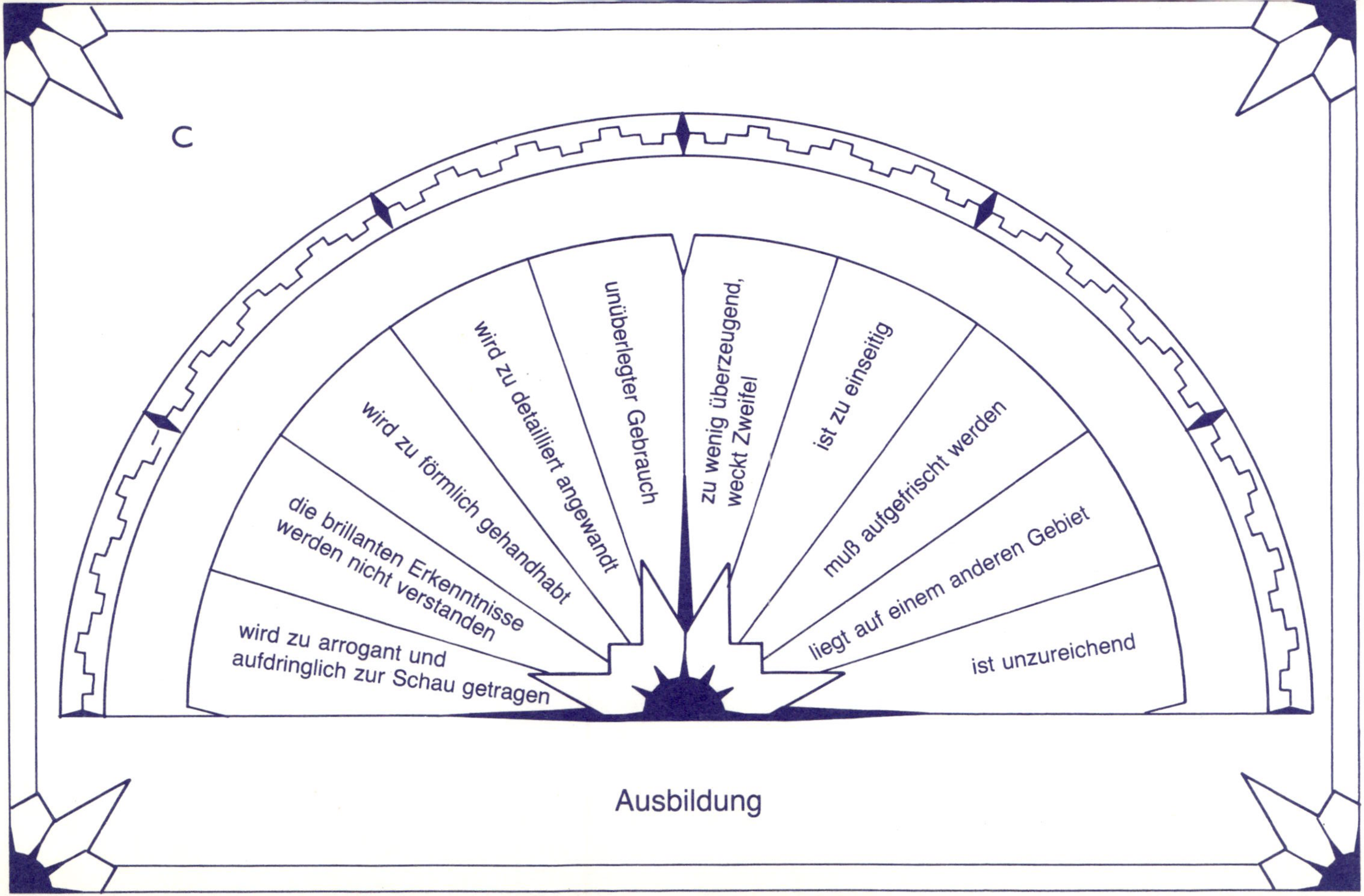
C
wird zu arrogant und
aufdringlich zur Schau getragen
die brillanten Erkenntnisse
werden nicht verstanden
wird zu förmlich gehandhabt
wird zu detailliert angewandt
unüberlegter Gebrauch
zu wenig überzeugend,
weckt Zweifel
ist zu einseitig
muß aufgefrischt werden
liegt auf einem anderen Gebiet
ist unzureichend
Ausbildung

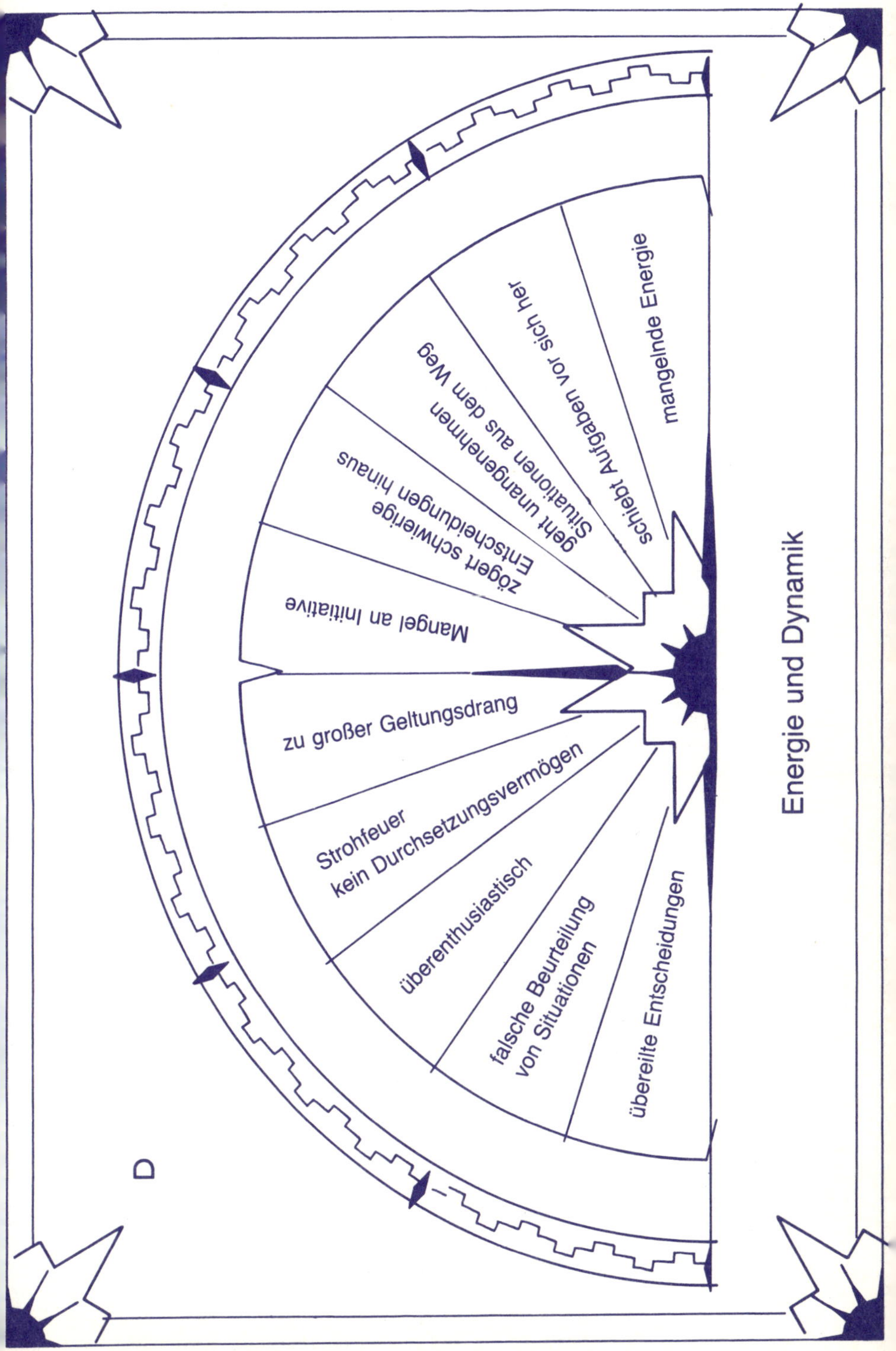
D
mangelnde Energie
schiebt Aufgaben vor sich her
geht unangenehmen Situationen aus dem Weg
zögert schwierige Entscheidungen hinaus
Mangel an Initiative
zu großer Geltungsdrang
Strohfeuer
kein Durchsetzungsvermögen
überenthusiastisch
falsche Beurteilung von Situationen
übereilte Entscheidungen
Energie und Dynamik

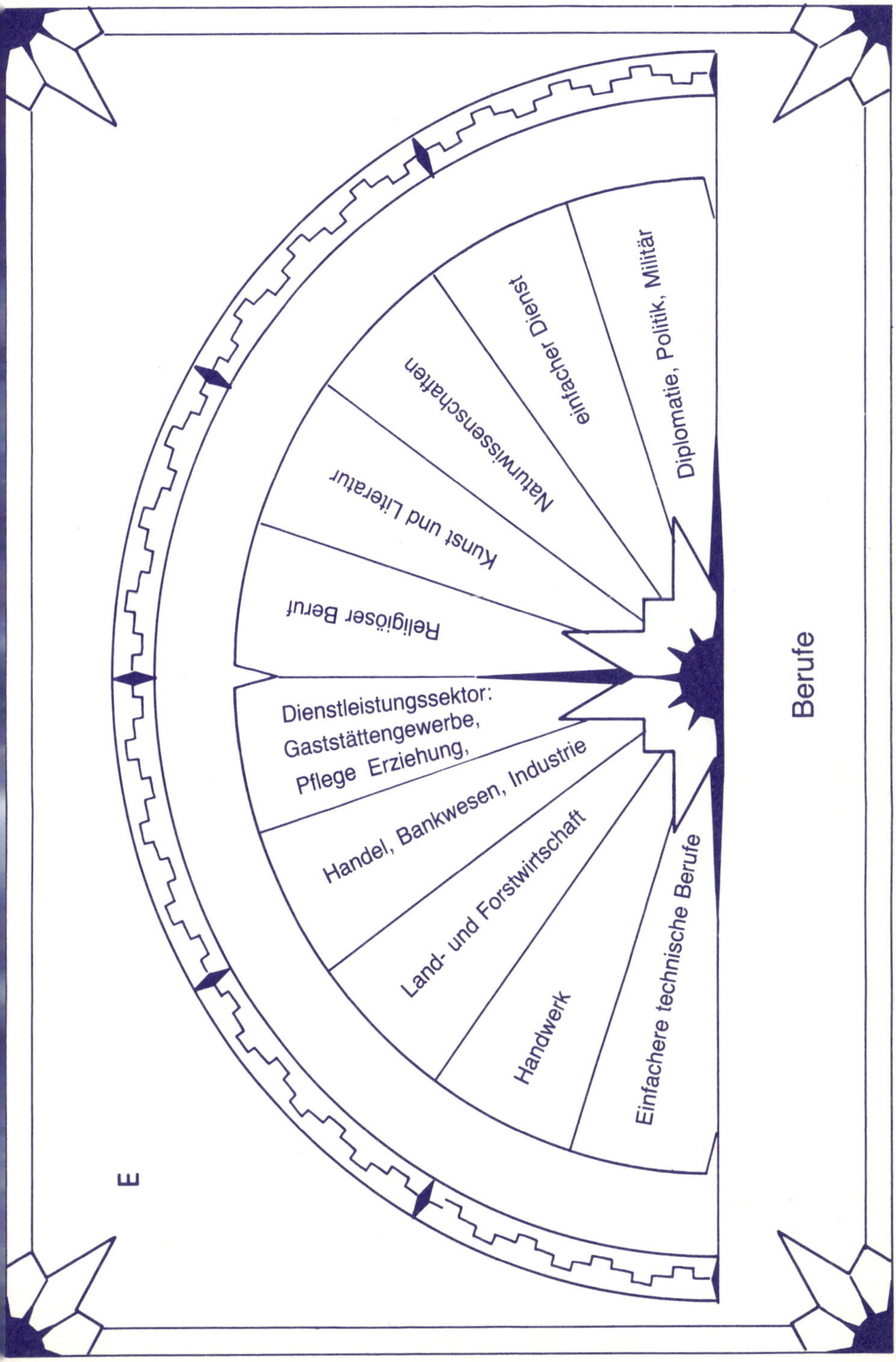
E
Berufe
Diplomatie, Politik, Militär
einfacher Dienst
Naturwissenschaften
Kunst und Literatur
Religiöser Beruf
Dienstleistungssektor:
Gaststättengewerbe,
Pflege Erziehung,
Handel, Bankwesen, Industrie
Land- und Forstwirtschaft
Handwerk
Einfachere technische Berufe

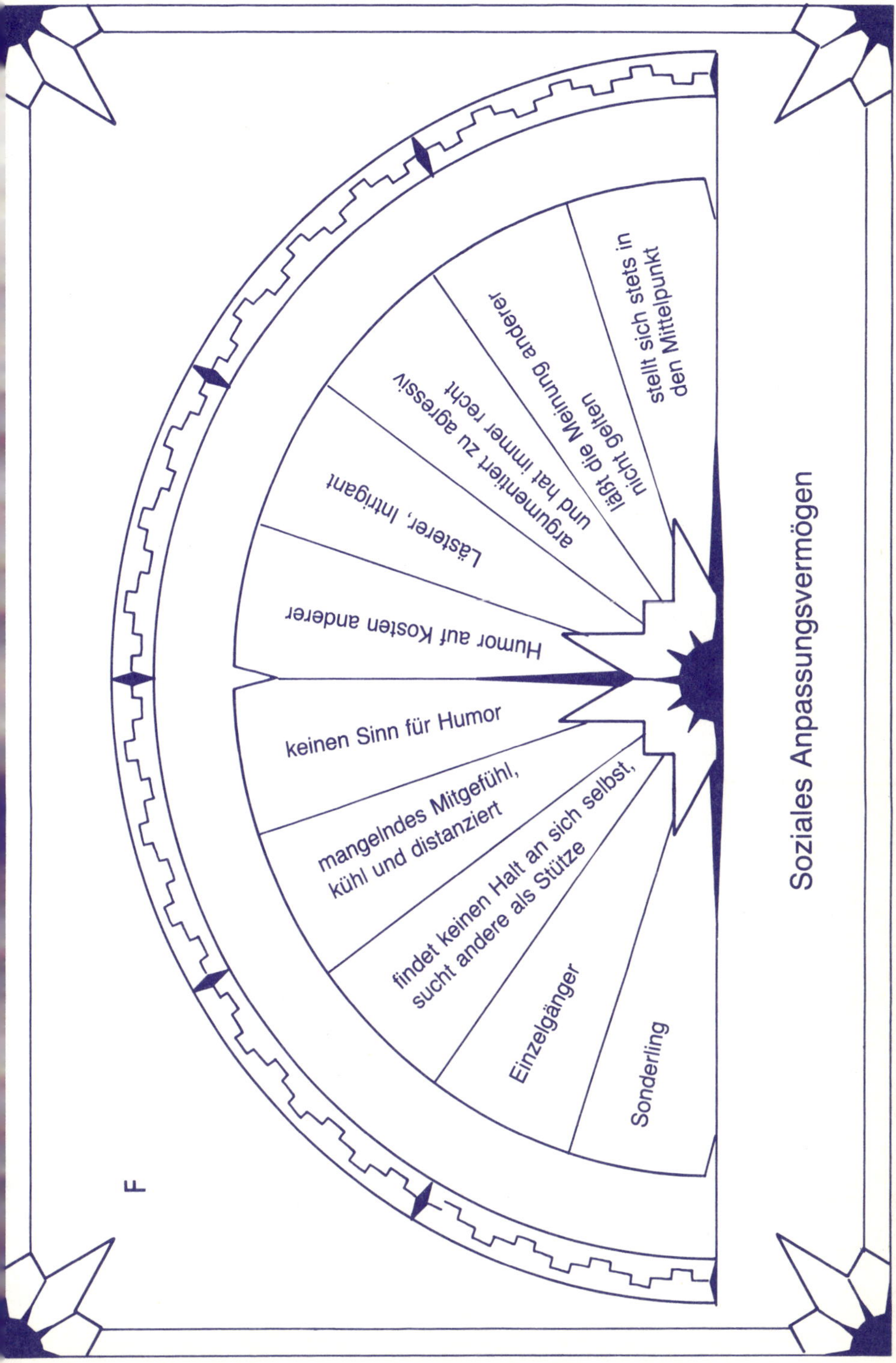
Soziales Anpassungsvermögen
F
stellt sich stets in den Mittelpunkt
läßt die Meinung anderer nicht gelten
argumentiert zu agressiv und hat immer recht
Lästerer, Intrigant
Humor auf Kosten anderer
keinen Sinn für Humor
mangelndes Mitgefühl, kühl und distanziert
findet keinen Halt an sich selbst, sucht andere als Stütze
Einzelgänger
Sonderling

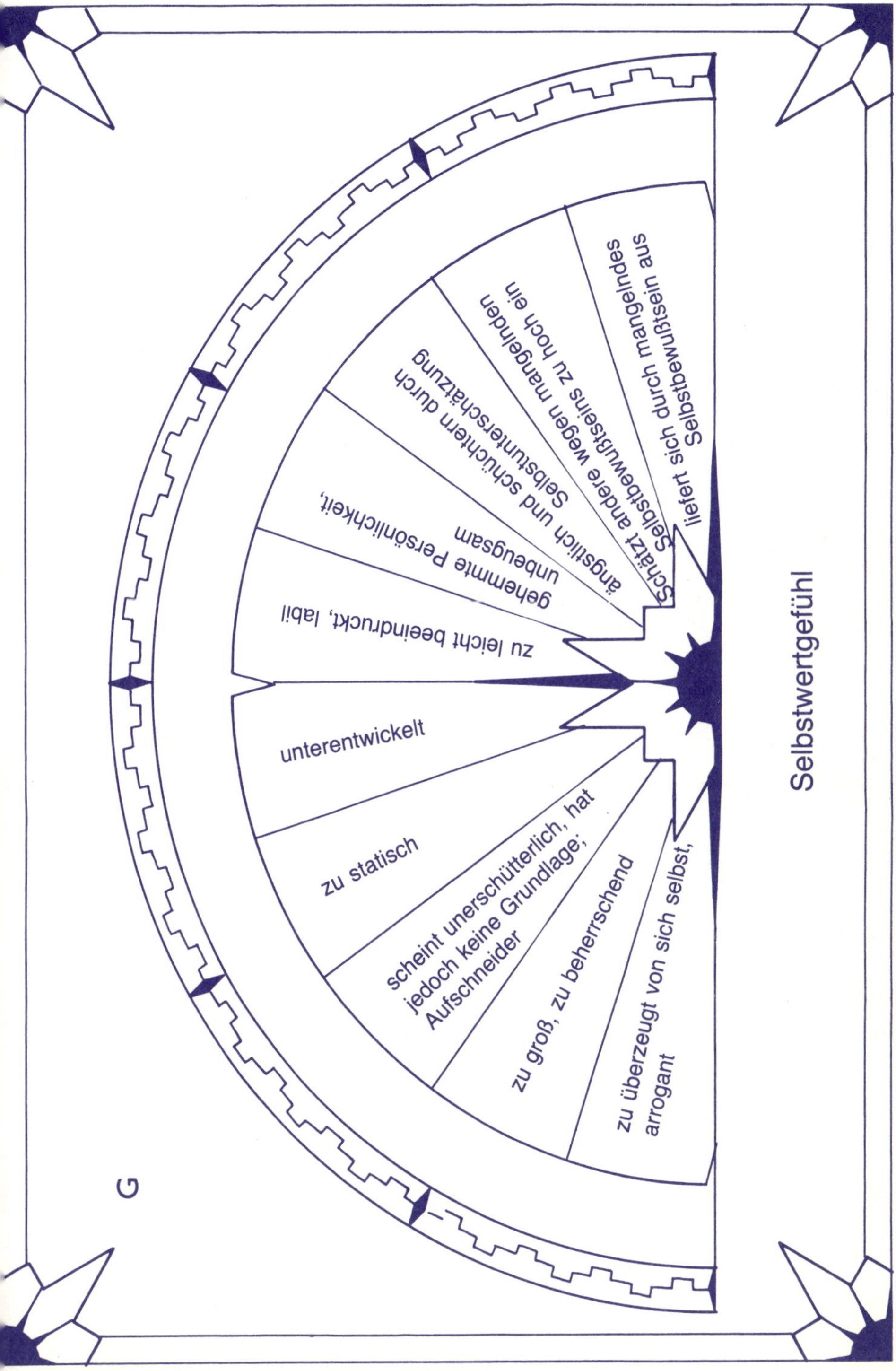

Selbstwertgefühl
G
zu überzeugt von sich selbst, arrogant
zu groß, zu beherrschend
scheint unerschütterlich, hat jedoch keine Grundlage; Aufschneider
zu statisch
unterentwickelt
zu leicht beeindruckt, labil
gehemmte Persönlichkeit, unbeugsam
ängstlich und schüchtern durch Selbstunterschätzung
Schätzt andere wegen mangelnden Selbstbewußtseins zu hoch ein
liefert sich durch mangelndes Selbstbewußtsein aus

VERSCHIEDENE PENDELKARTEN FÜR DIE GESUNDHEIT

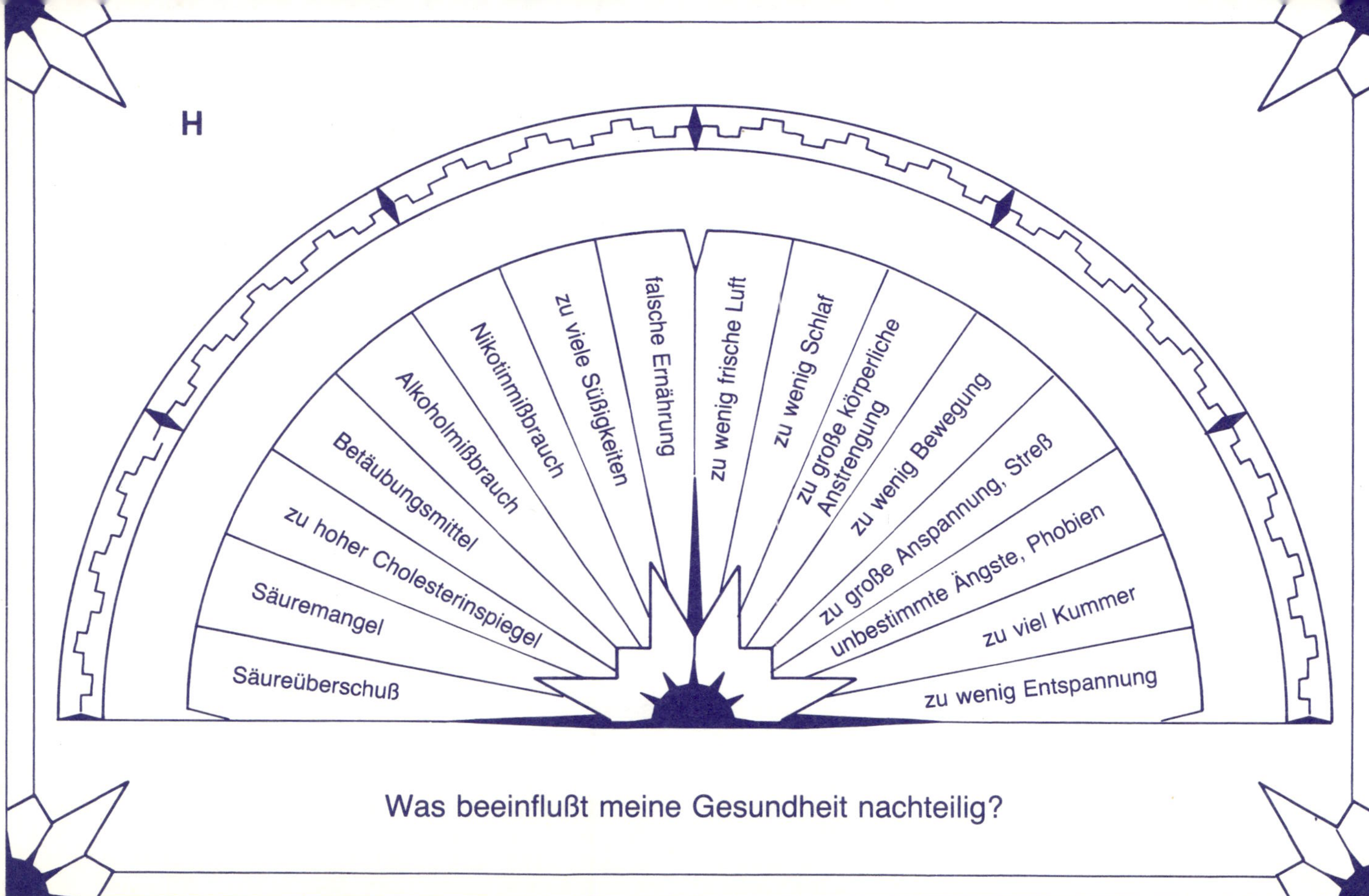
H
Säureüberschuß
Säuremangel
zu hoher Cholesterinspiegel
Betäubungsmittel
Alkoholmißbrauch
Nikotinmißbrauch
zu viele Süßigkeiten
falsche Ernährung
zu wenig frische Luft
zu wenig Schlaf
zu große körperliche Anstrengung
zu wenig Bewegung
zu große Anspannung, Streß
unbestimmte Ängste, Phobien
zu viel Kummer
zu wenig Entspannung
Was beeinflußt meine Gesundheit nachteilig?

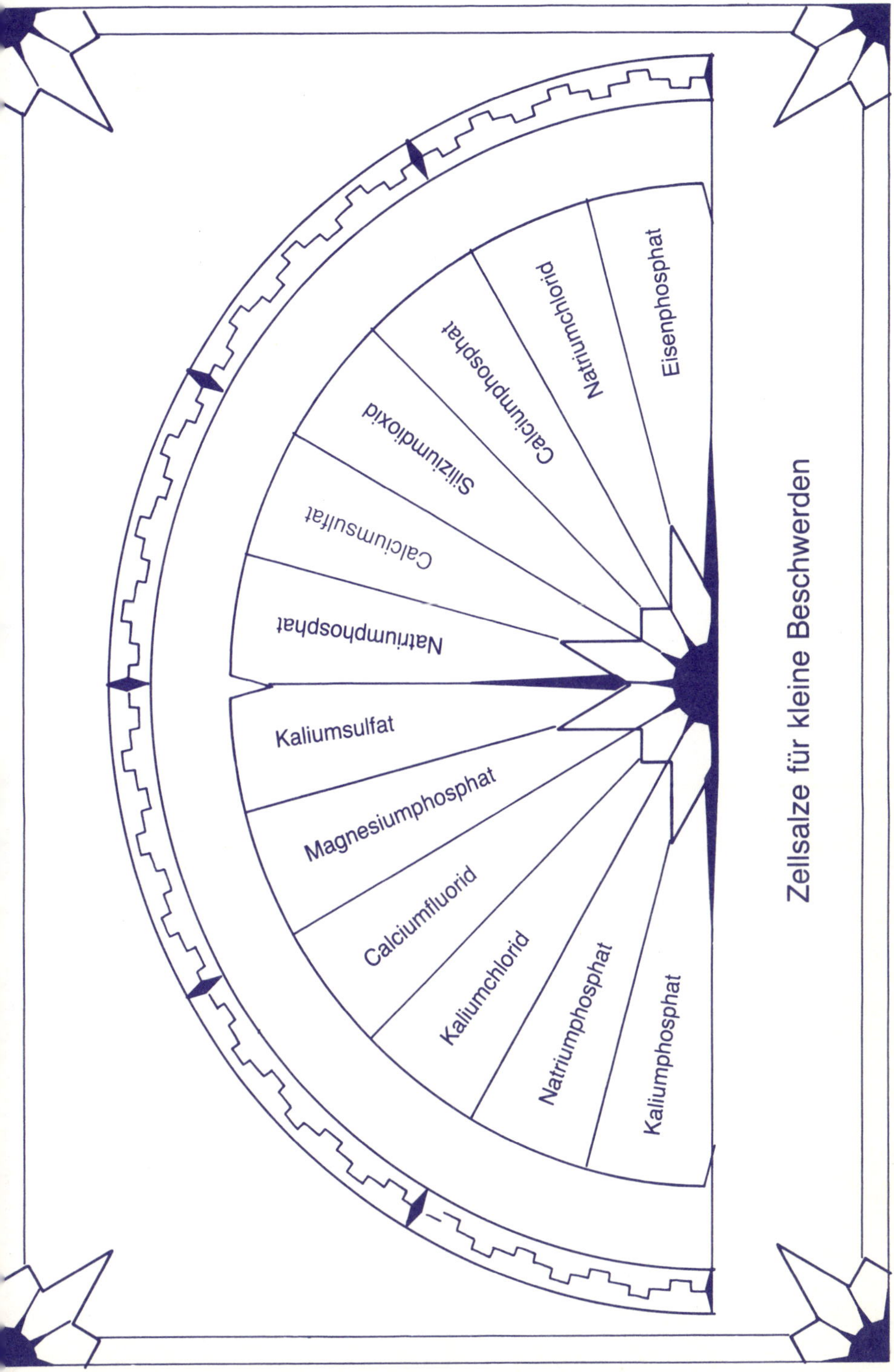
Zellsalze für kleine Beschwerden
Eisenphosphat
Natriumchlorid
Calciumphosphat
Siliziumdioxid
Calciumsulfat
Natriumphosphat
Kaliumsulfat
Magnesiumphosphat
Calciumfluorid
Kaliumchlorid
Natriumphosphat
Kaliumphosphat

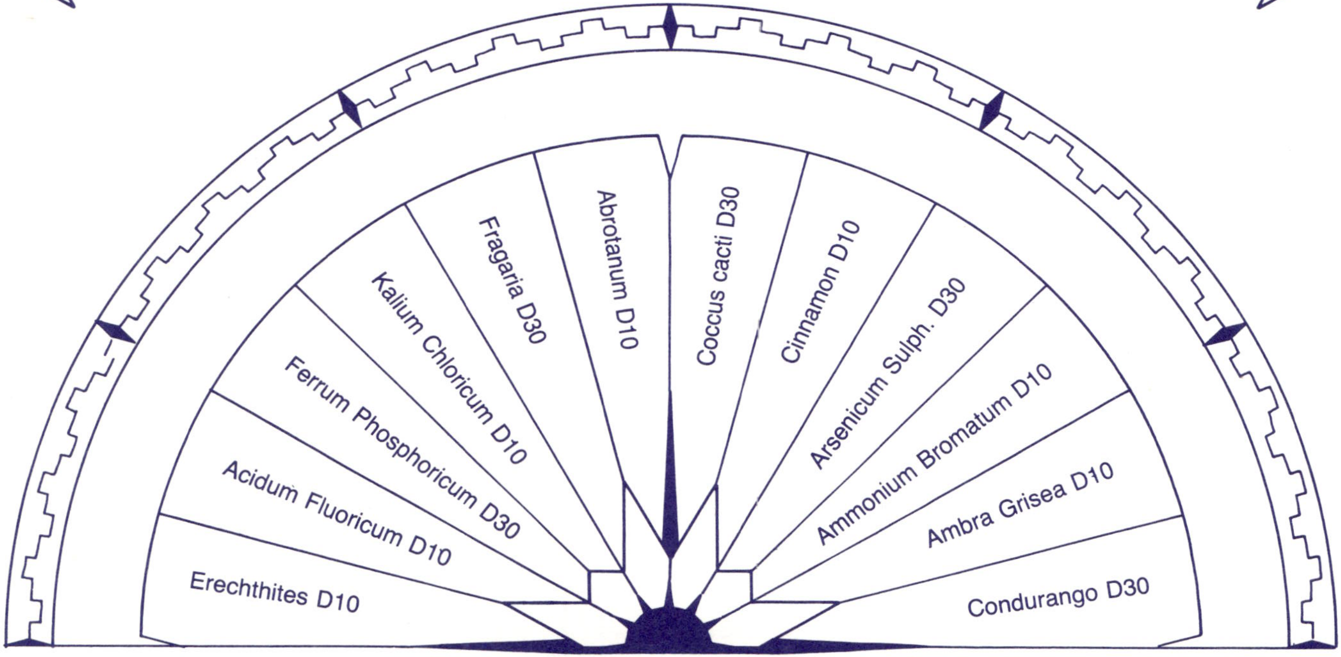

Homöopathische Mittel für Säureüberschußkrankheiten
Welches ist für mich am wirksamsten?

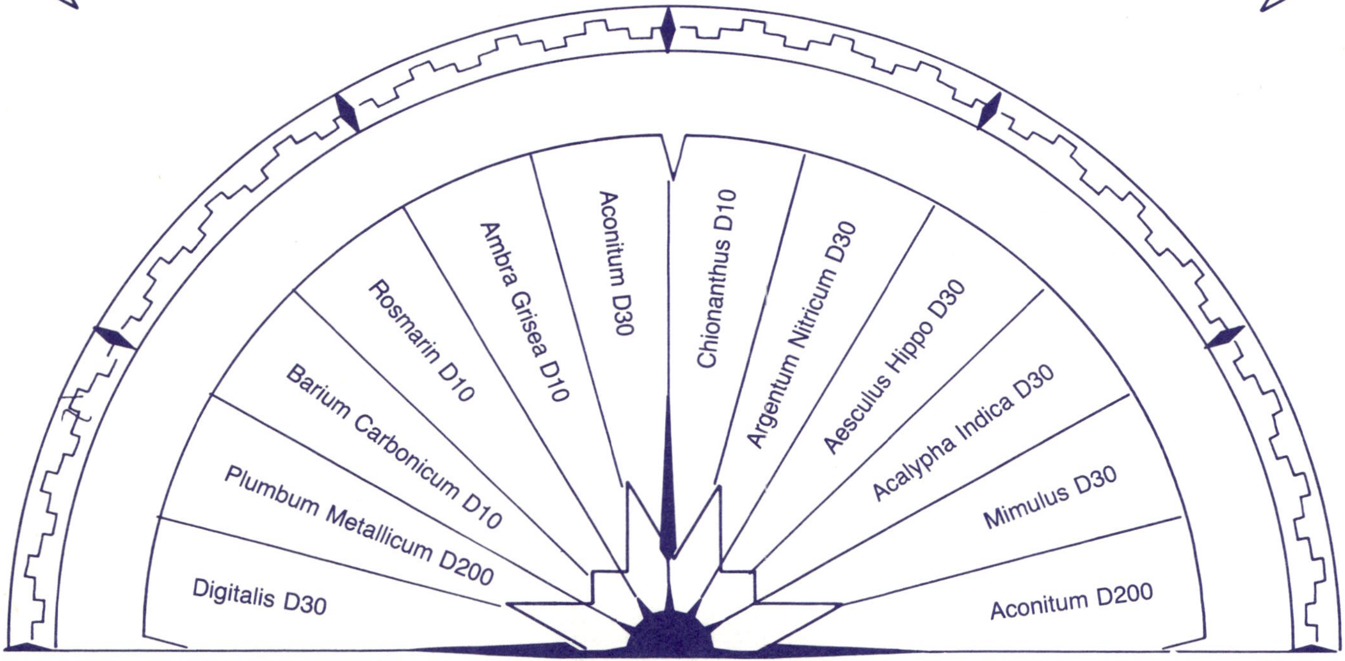

Homöopathische Mittel für Krankheiten aufgrund von Säuremangel

1 Großhirn, Nervenzentrum – Von hier aus werden alle Körperfunktionen gesteuert und alle Ereignisse in und um den Körper wahrgenommen
2 Hirnhaut
3 Augen
4 Ohren
5 Nasenbein
6 Kiefergelenk
7 Mandeln
8 Kehlkopf
9 Schilddrüsen
10 Luftröhre
11 Schultergelenk
12 Bronchien
13 rechte Lunge
14 Leber, rechts vorne
15 Galle, hinter der Leber
16 Bauchspeicheldrüse
17 Dickdarm, querliegend
18 Unterer Teil der Hauptschlagader
19 Unterer Teil der Hohlvene
20 aufsteigender Dickdarm
21 absteigender Dickdarm
22 Dünndarm
23 Blinddarm, rechts vorne
24 Wurmfortsatz
25 Drüsen
26 Fingernägel
27 Blutkreislauf, Schlagadern vom Herzen durch den Körper; Adern, Blutbahn von den Körperteilen zum Herzen
28 Adern
29 Zehennägel
30 Haar
31 Zirbeldrüse (Epiphyse) in der Mitte des Großhirns
32 Kleinhirn
33 Rückenmark (Hauptnerv)
34 Hauptschlagader
35 Lungenspitze
36 Thymusdrüse
37 Linke Lunge
38 Speiseröhre
39 Herz, zwischen beiden Lungen
40 Magen, hinter der Leber
41 Ellbogengelenk
42 Milz
43 Nieren
44 Becken
45 Harnleiter
46 Hüftgelenk
47 Harnblase
48 Handgelenk
49 Geschlechtsorgane
50 Kniegelenk
51 Fußknöchel

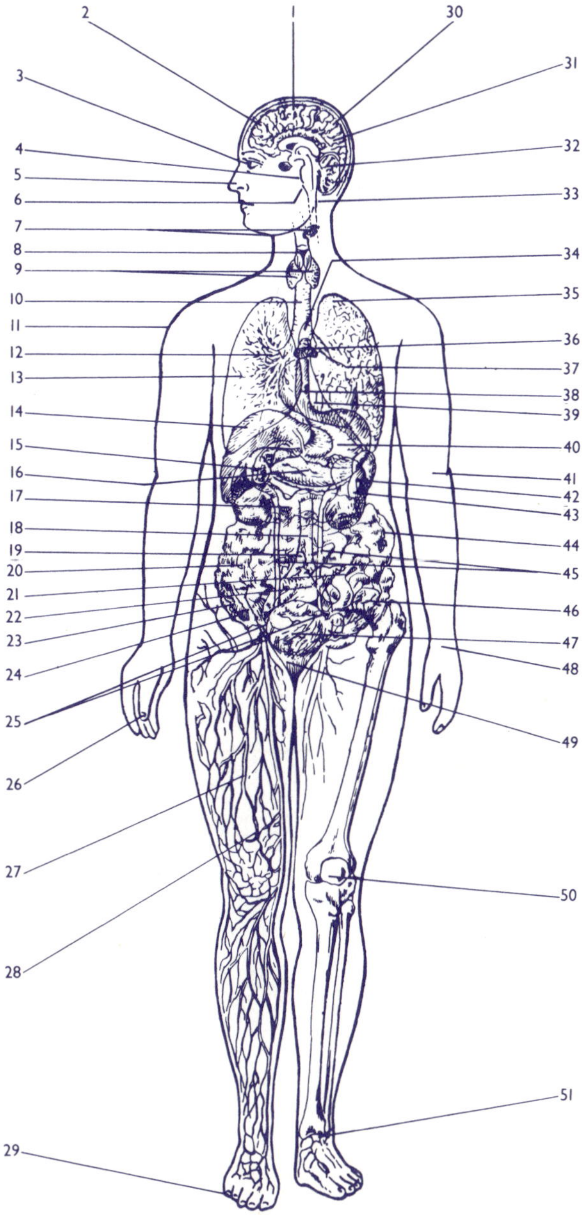

Auf was muß ich achten?
Was verursacht den Schmerz?

1 Großhirn, Nervenzentrum – hier werden alle Störungen wahrgenommen.
2 *Schlaflosigkeit:* Hopfenblüten, Salbei, Baldrian, Johanniskraut, Pfefferminztee, Apfeltee.
3 *Kopfschmerzen:* Pfefferminze, Baldrian, Melisse, Mistel, Schlüsselblume, Rosmarin, Salbei, Schwarze Johannisbeere (Blatt), Engelwurz, Weinraute.
4 *Augenbad:* Kamille, Salbei, Fenchel, Augentrost, Kalmus, Arnika, Flachs, Löwenmaul, Ringelblumen.
5 Mandeln, Kehlkopf, Schilddrüsen, Luftröhre, Bronchien, Erkältungen und Halsschmerzen: Salbei, Anis, Fenchel, Thymian, Süßholz, Leinsamen, Isländisches Moos, Eibisch, Huflattich (Blüte und Blatt), Zaubernuß.
6 *Lungen:* Hohlzahn (Galeopsis), Schachtelhalm, Irisches Moos (Karrageen) Huflattich (Blüte und Blatt), Leinsamen, Kapuzinerkresse
7 *Leber und Galle:* Kalmus, Mistel, Enzian, Schafgarbe, Brennessel, Pfefferminze, Tausendgüldenkraut, Erdrauch, Leberblümchen, Löwenzahn, Odermennig, Schöllkraut, Weidenbast, Feld-Mannstreu, Seifenkraut, Wachsgagel, Klette, Königskerze, Majoran.
8 *Gedärme* (Verstopfung): Leinsamen, Schafgarbe, Thymian, Salbei, Sennesfrüchte, Alexandriner Tee, Kalmus, Kamille, Pfefferminztee, Tausendgüldenkraut, Wacholderbeere, Faulbaumrinde, Fenchel, Rhabarber, Süßholz, Anis.
9 *Drüsen (Hormone):* Isländisches Moos (Karrageen), Löwenzahn, Irisches Moos, Mistel, Alexandriner Tee, Schafgarbe, Schachtelhalm, Huflattich, Ginseng, Bitterklee, Ginster.
10 *Blutbahn (Arterienverkalkung):* Knoblauch, Weißdorn, Mistel, Sonnentau, Schafgarbe, Salbei, Ginster, Birkenblätter, Schachtelhalm.
11 *Krampfadern:* s. a. Blutreinigungskur und -bäder (Sitz- und Fußbäder) Dampfbäder, Wickel, Umschläge, Waschungen mit Kamille, Kalmus, Senfmehl, Thymian, Heublumen, Pfefferminze, Eichenbast, Schachtelhalm, Lavendel, Leinsamen, Hornkleeblätter, Sandthymian.
12 *Nervenschmerzen:* Lavendel, Rosmarin, Schlüsselblume, Baldrian, Pfefferminze, Melisse, Hopfenblüte, Kamille, Johanniskraut, Salbei, Liebstöckel, Engelwurz, Enzianwurzel.
13 *Haarausfall:* Klettenwurzel, Brennesselblätter, Kamille, Arnikablüten, Blaubeere, Walnuß.
14 Herz: Baldrian, Rosmarin, Pfefferminze, Salbei, Lavendel, Melisse, Ehrenpreis, Schlüsselblumen, Brombeerblätter, Waldmeister, Ginster.
15 *Magen:* Pfefferminze, Krauseminze, Baldrian, Tausendgüldenkraut, Schafgarbe, Melisse, Anis, Leinsamen, Fenchel, Enzian, Kümmel, Wermut, Benediktenkarde.
16 *Milz* (s. a. Blutreinigungskur): Erdrauch, Odermennig, Spargel, Berberitze, Petersilie, Brunnenkresse, Weide.
17 *Blase und Harnwege:* Bärentraube (Blatt), Hagebutte, Liebstöckel, Wacholderbeere, Schachtelhalm, Birkenblatt, Bohnenschalen, Meerrettichwurzel, Hauhechel, Kakaobohnenschalentee, Kamille, Leinsamen, Goldrute, Artischocken, Löwenzahn, Schafgarbe, Kriech-Günsel, Hauhechel, Raute, Arnika, Gänsefingerkraut, Hirtentäschel.
18 *Blutreinigungskur* (Blutreinigungstee): Stiefmütterchen, Wacholderbeere, Walnußblatt, Schafgarbe, Mistel, Alexandriner Tee, Isländisches Moos, Faulbaumrinde, Leinsamen, Sennesfrüchte und -blätter, Birkenblatt, Bohnenhülsen, Schlehdornblüten, Paraguaytee, Hauhechel, Quecke, Salbei, Hagebutte, Erdrauch, Frauenmantel, Löwenzahn, Ehrenpreis, Wegerich, Tormentill, Wermut.
19 *Rheuma:* Birkenblätter, Sennesfrüchte, Mistel, Schafgarbe, Hagebutte, Bohnenhülsen, Wacholderbeere, Wiesenknopf, Hauhechel, Erdbeeren, ZaunGiersch, Hauhechelwurzel, Kleines Mädesüß, Weidenbast, Stiefmütterchen, Löwenzahnwurzel, Schlüsselblume, Natternkopf, Schöllkraut, Johanniskraut.

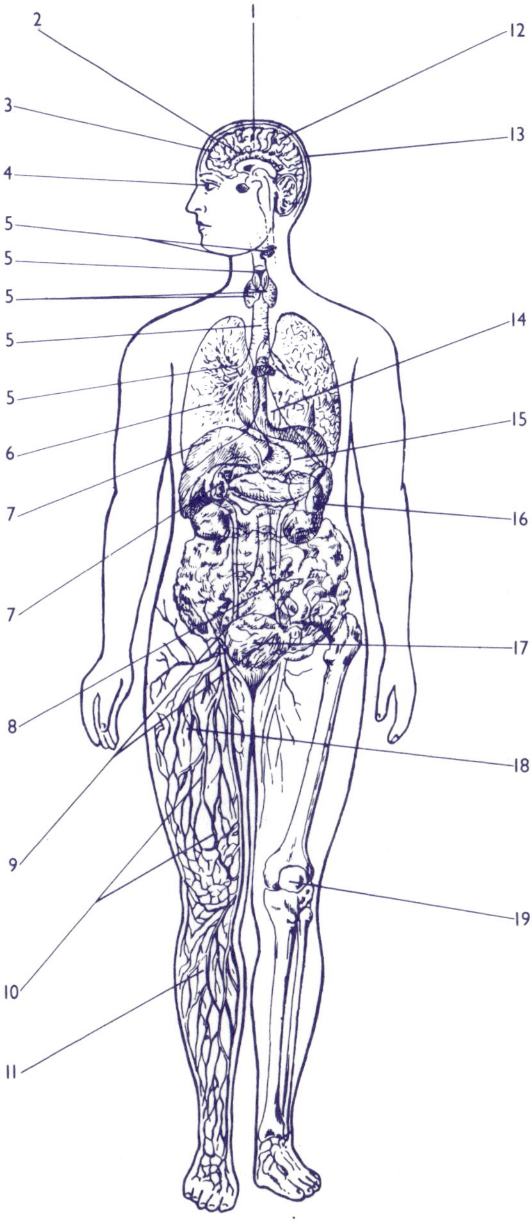

Welcher Kräutertee hat einen günstigen Einfluß?

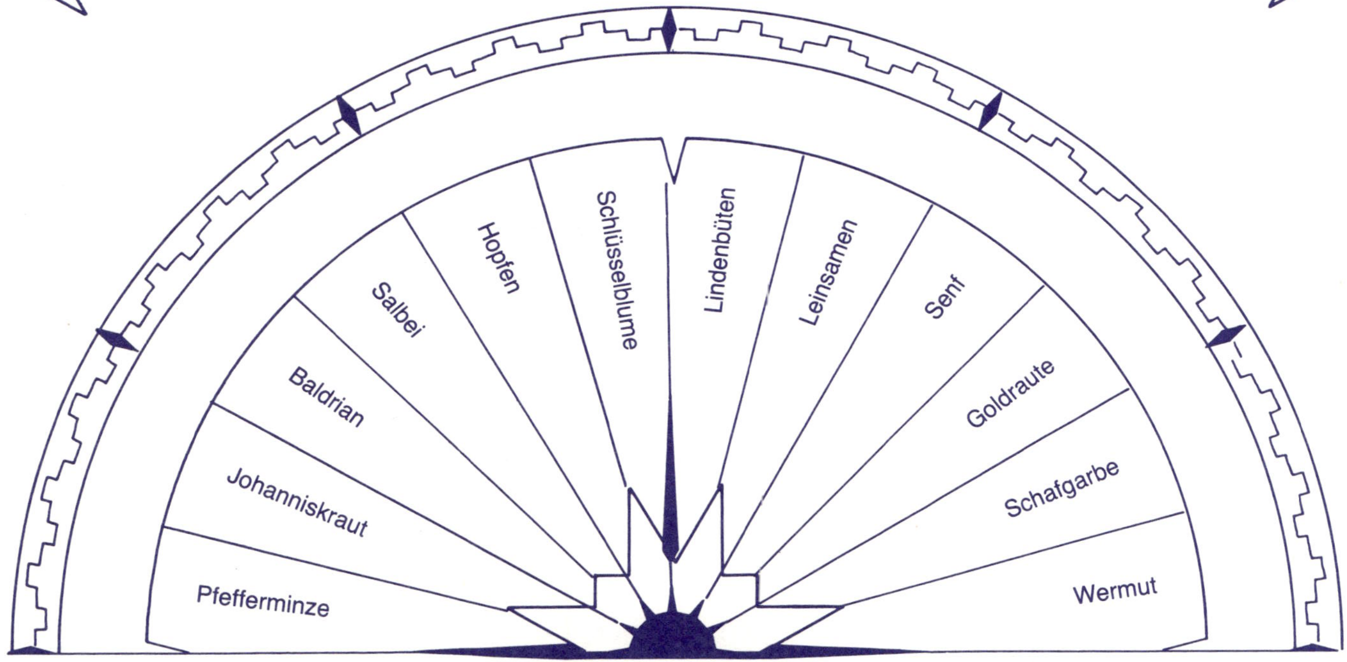

Kräuter gegen Schlaflosigkeit
Welches ist für mich am wirksamsten?

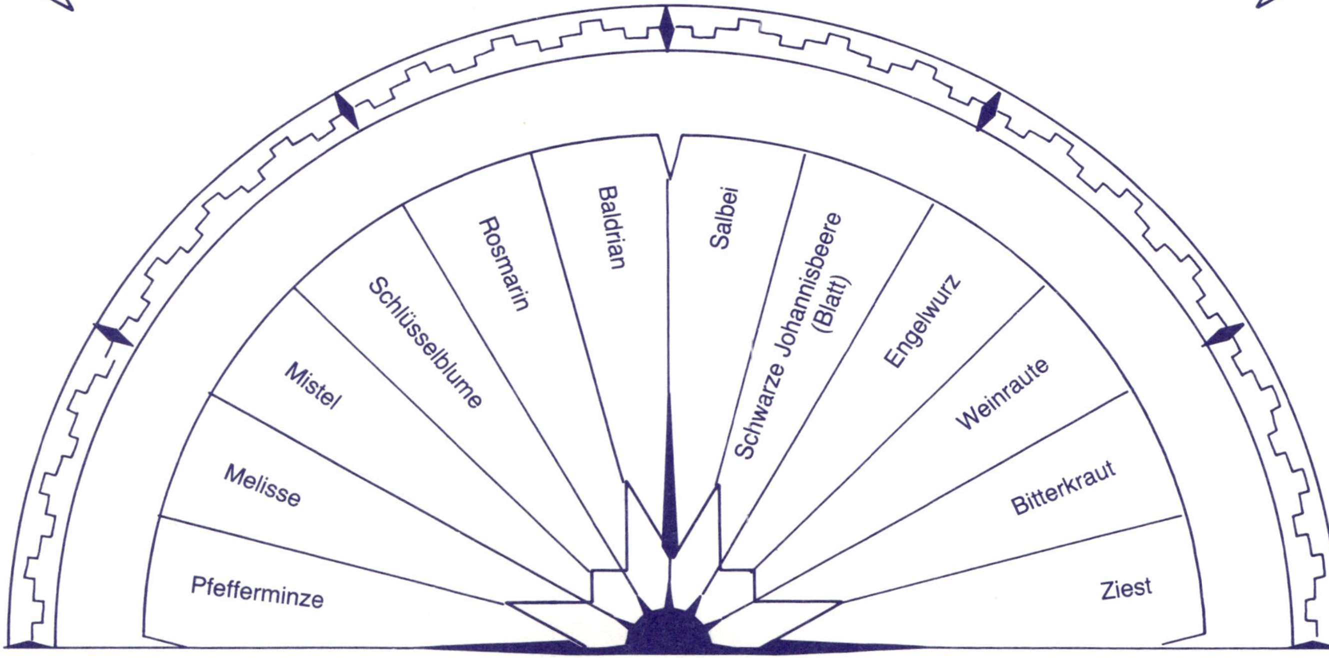

Kräuter gegen Kopfschmerzen
Welches ist am wirksamsten?

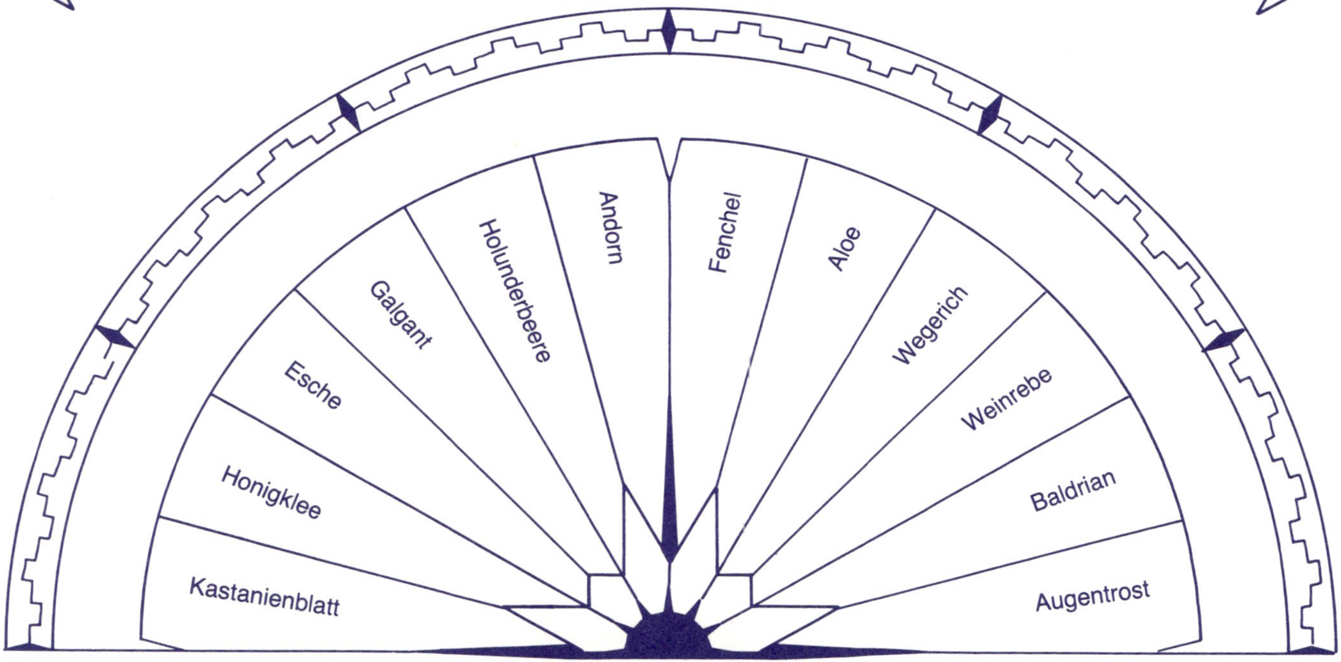

Kräuter für Augenbäder
Welches ist für mich am wirksamsten?

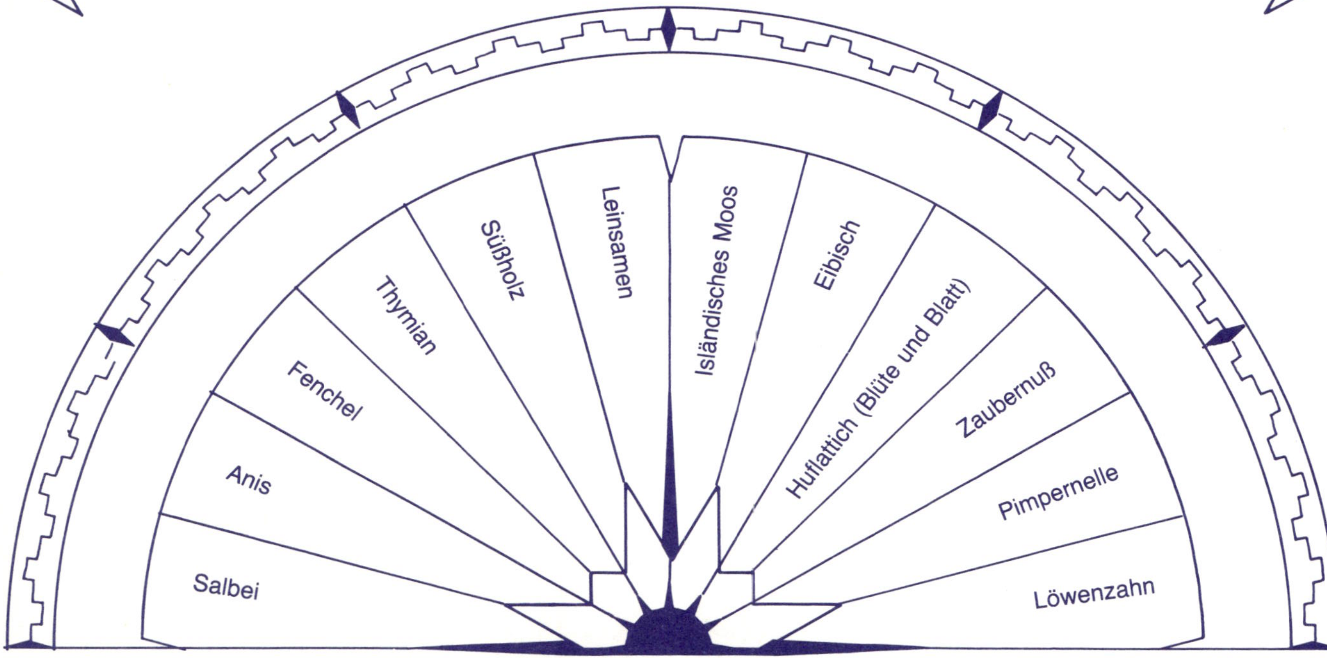

Kräuter gegen Halsschmerzen und Erkältungen
(auch Mandeln und Atemwege)
Welches ist für mich am wirksamsten?

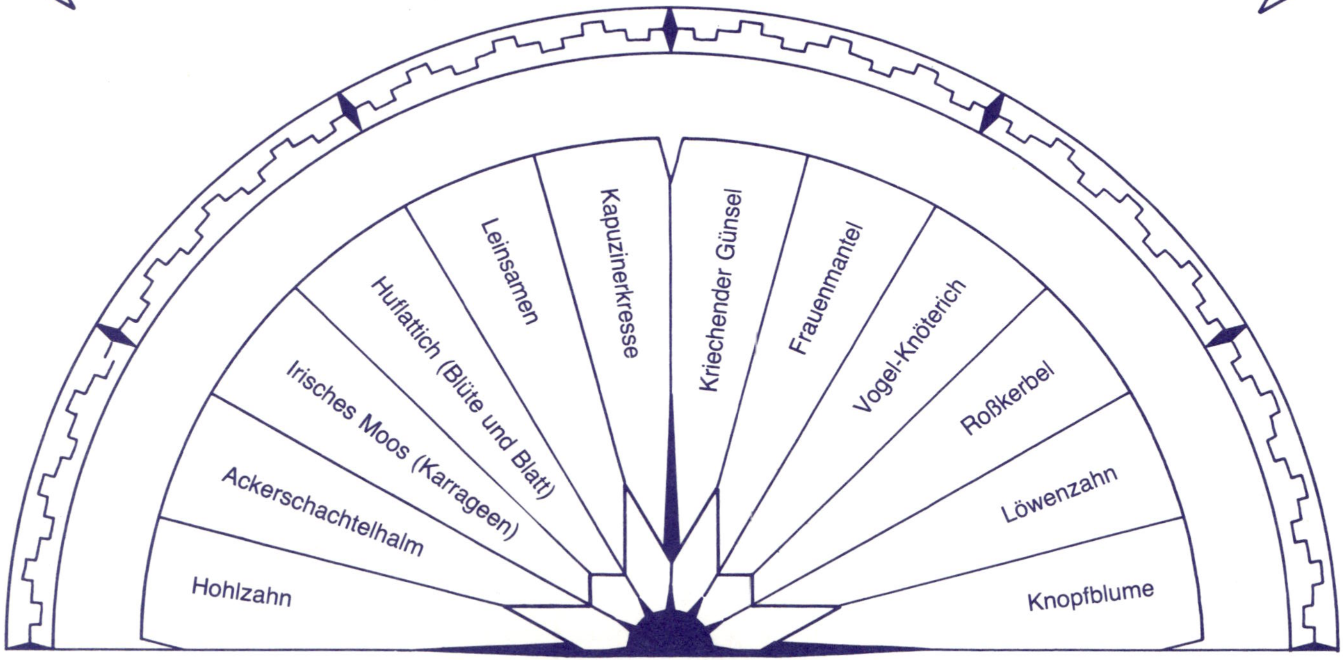

Kräuter gegen Lungenkrankheiten
Welches ist für mich am wirksamsten?

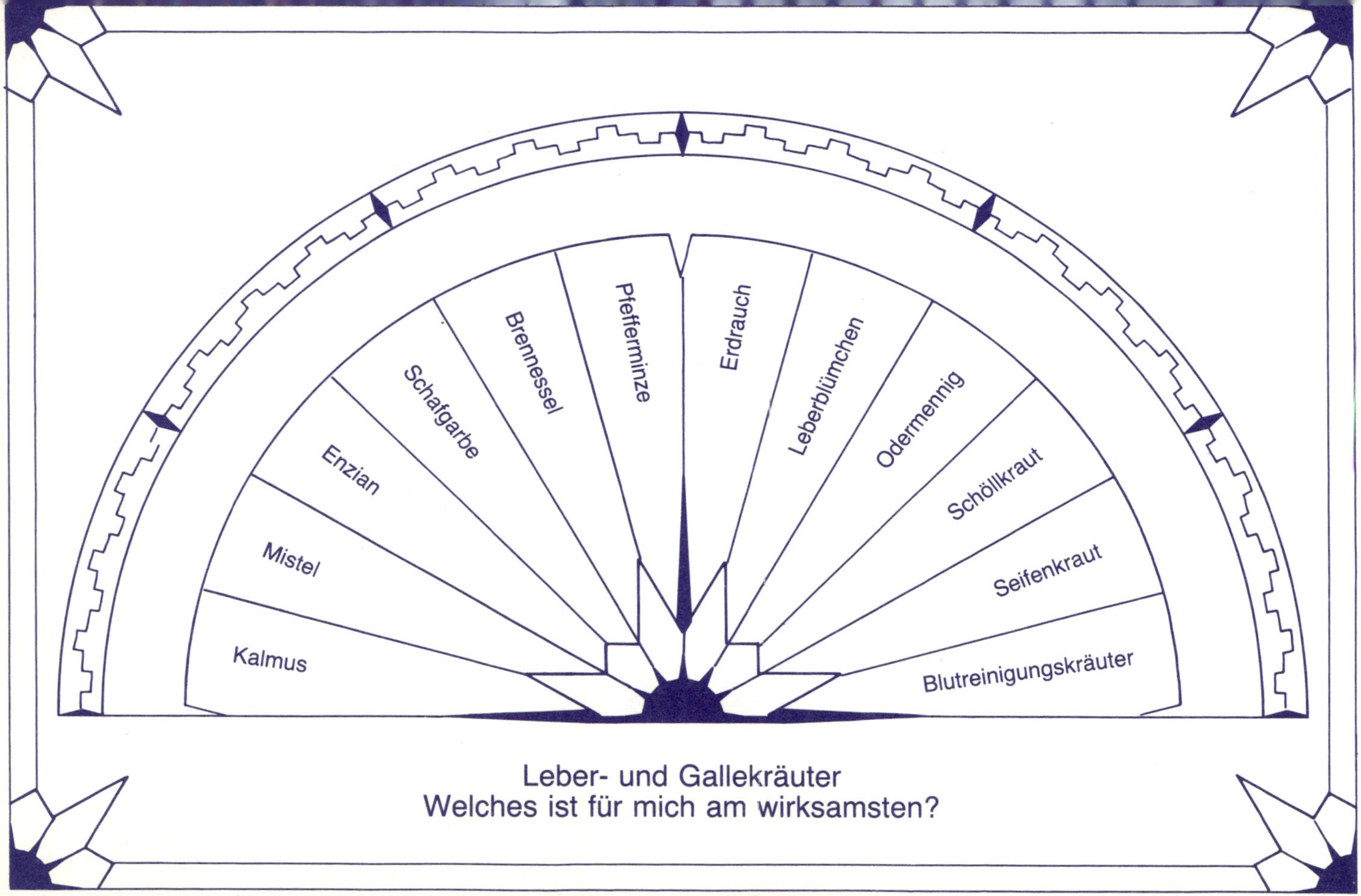

Leber- und Gallekräuter
Welches ist für mich am wirksamsten?

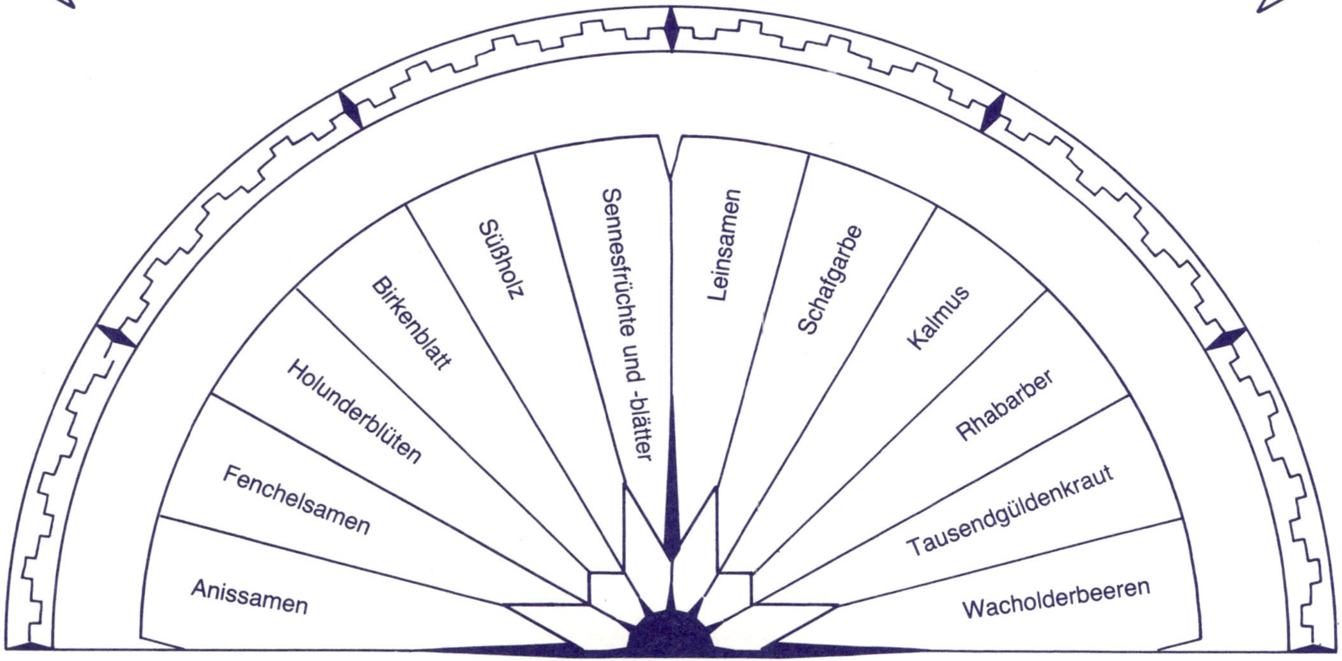

Darmkräuter (Verstopfung)
Welches ist für mich am wirksamsten?

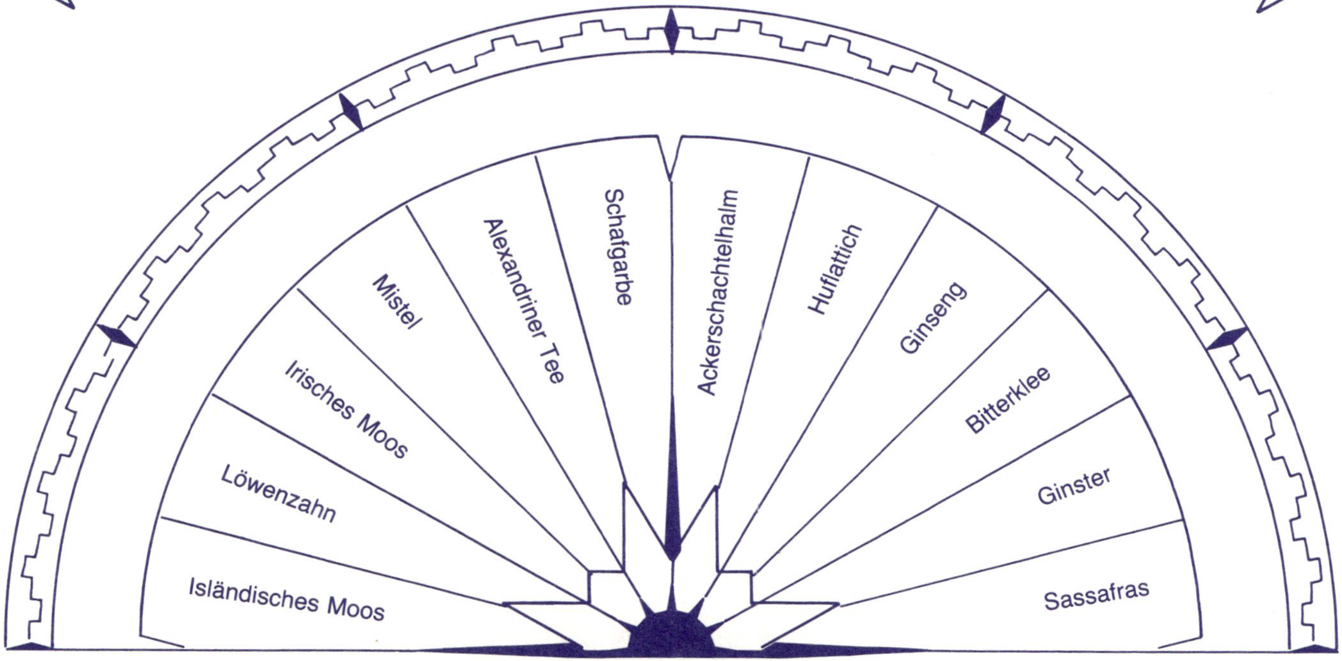

Kräuter für Drüsenkrankheiten
Welches ist für mich am wirksamsten?

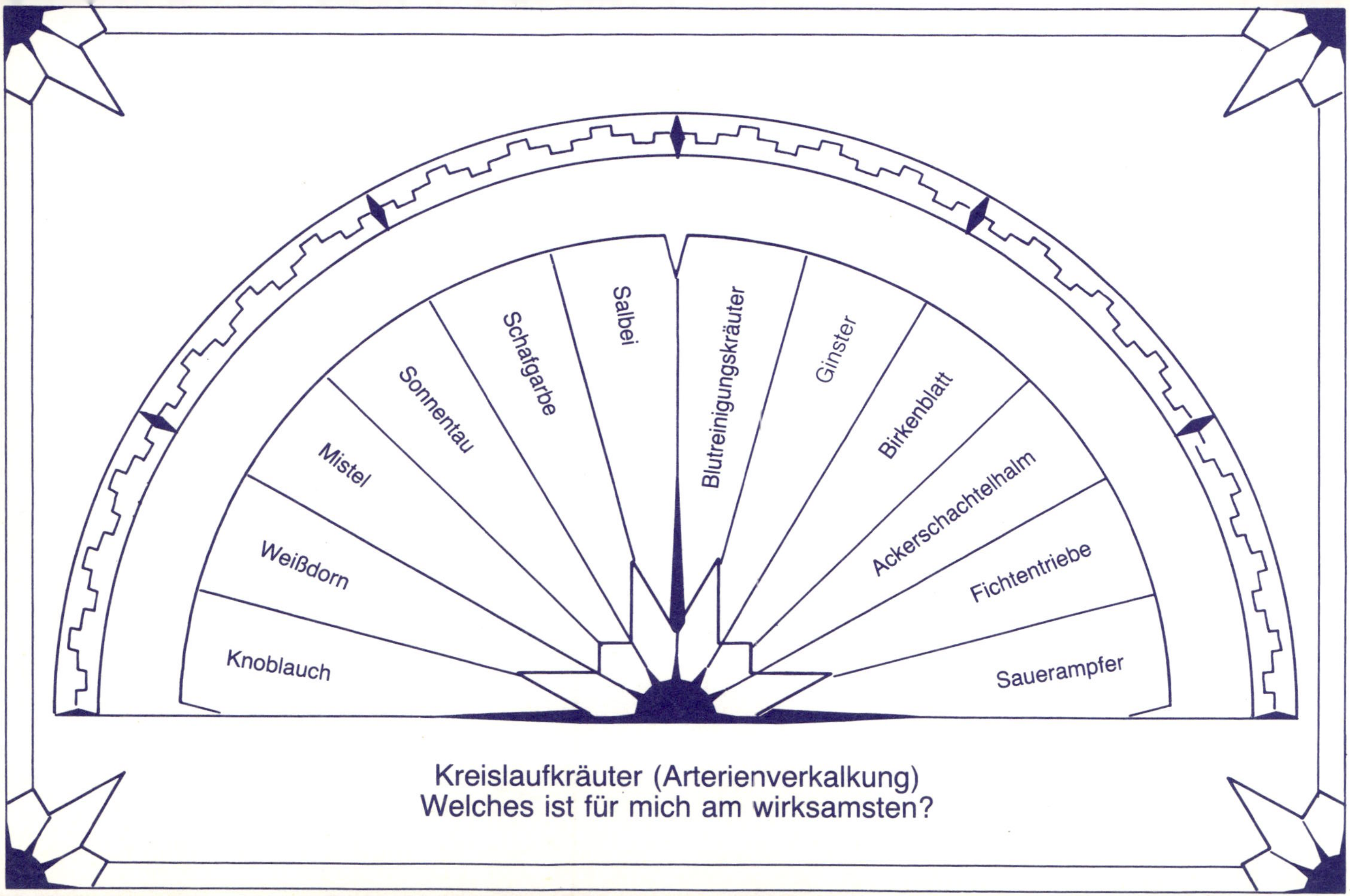

Kreislaufkräuter (Arterienverkalkung)
Welches ist für mich am wirksamsten?

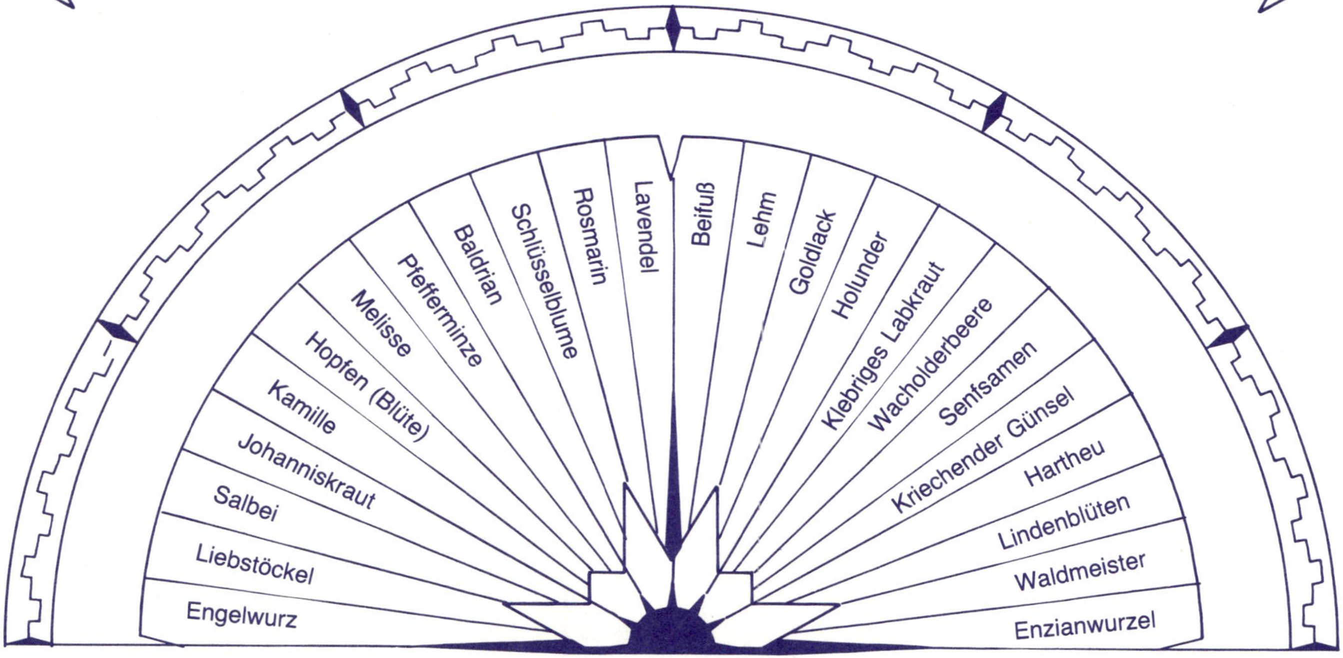

Kräuter für Nervenschmerzen
Welches ist für mich am wirksamsten?

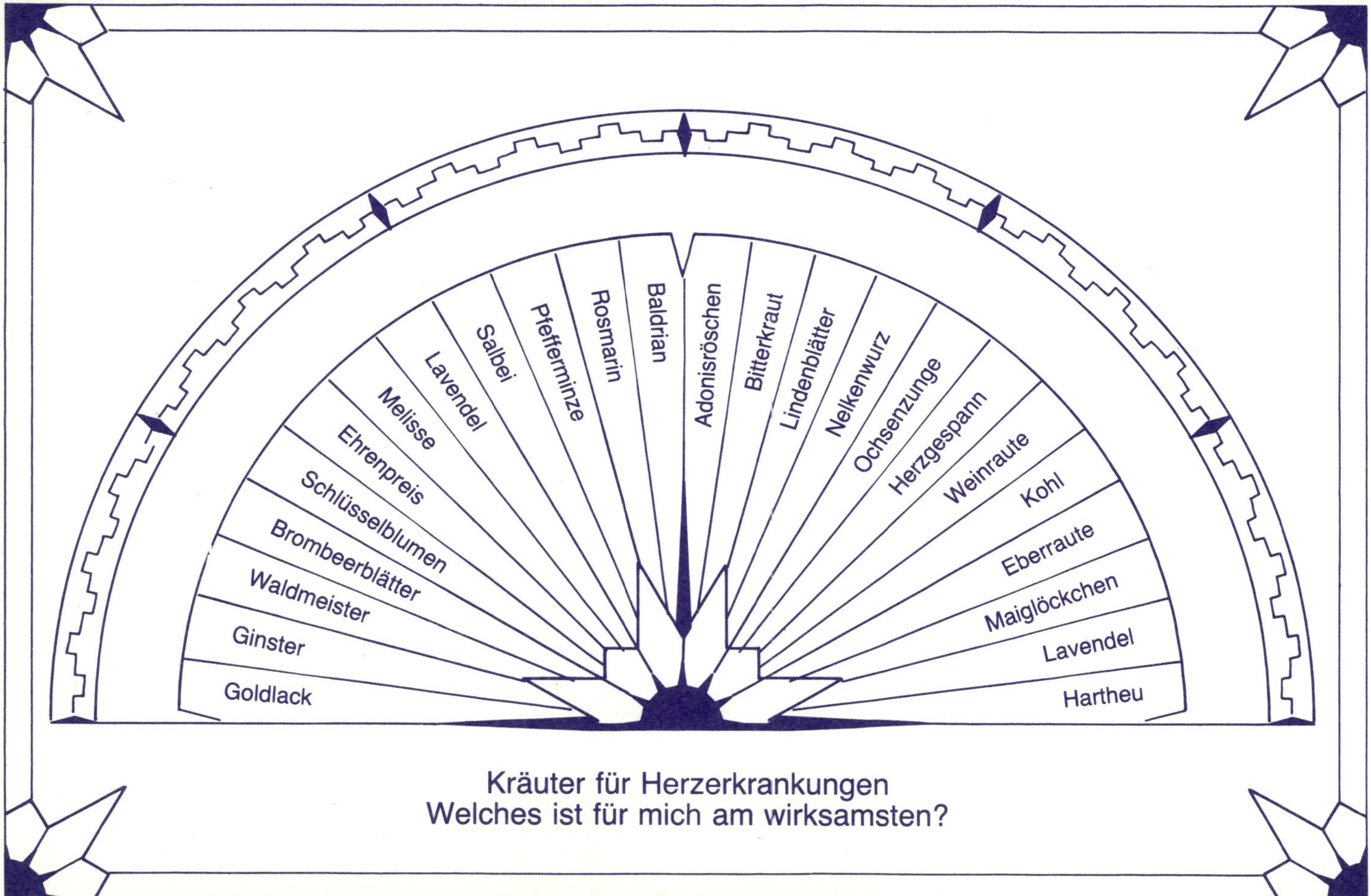

Kräuter für Herzerkrankungen
Welches ist für mich am wirksamsten?

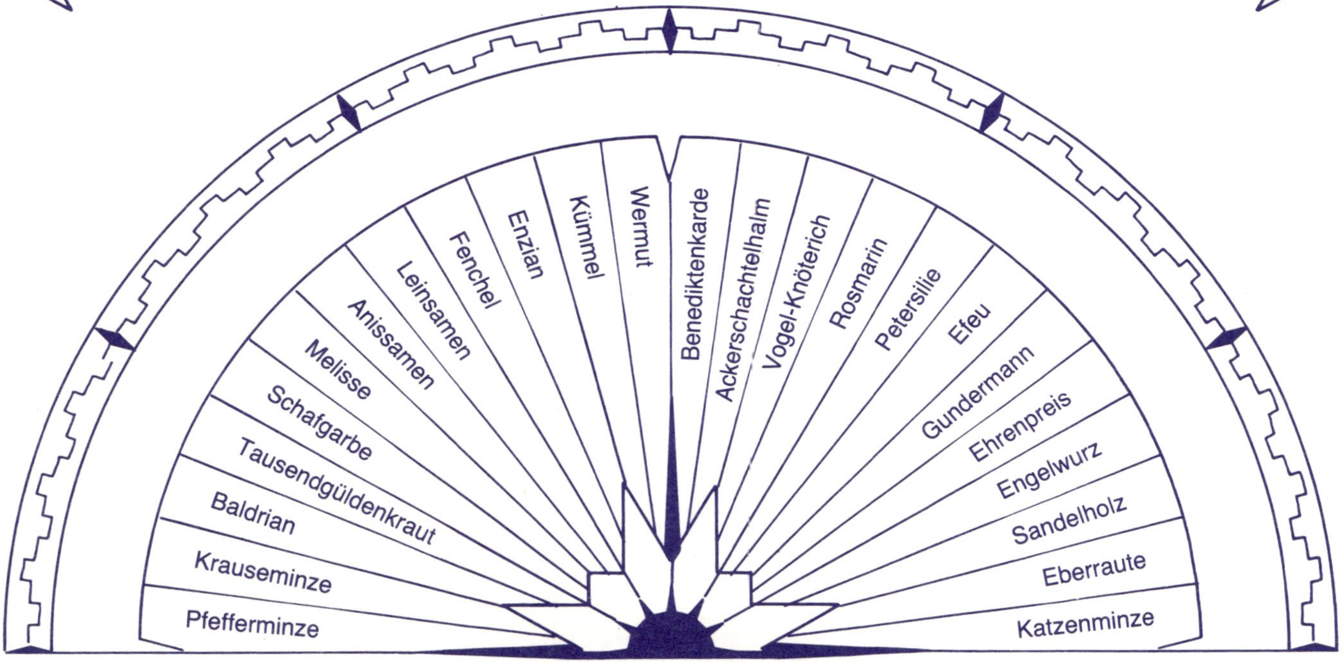

Bärwurz

Magenkräuter
Welches ist für mich am wirksamsten?

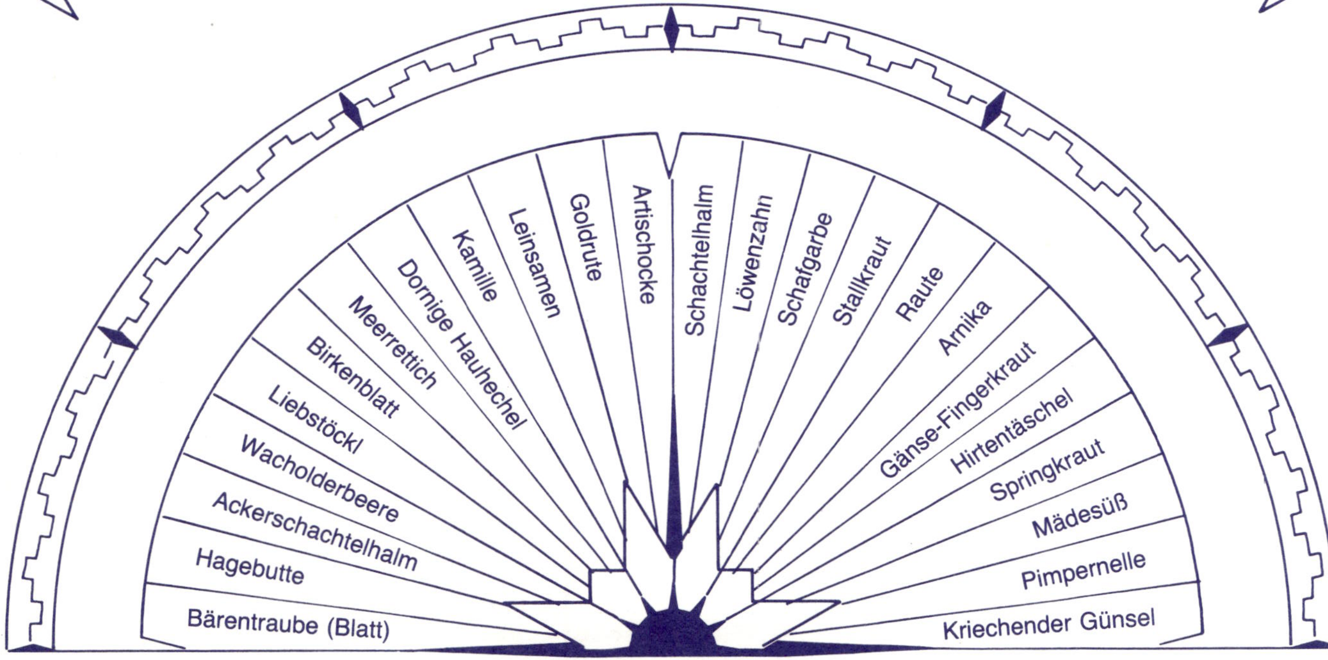

Kräuter für die Harnwege und die Blase
Welches ist für mich am wirksamsten?

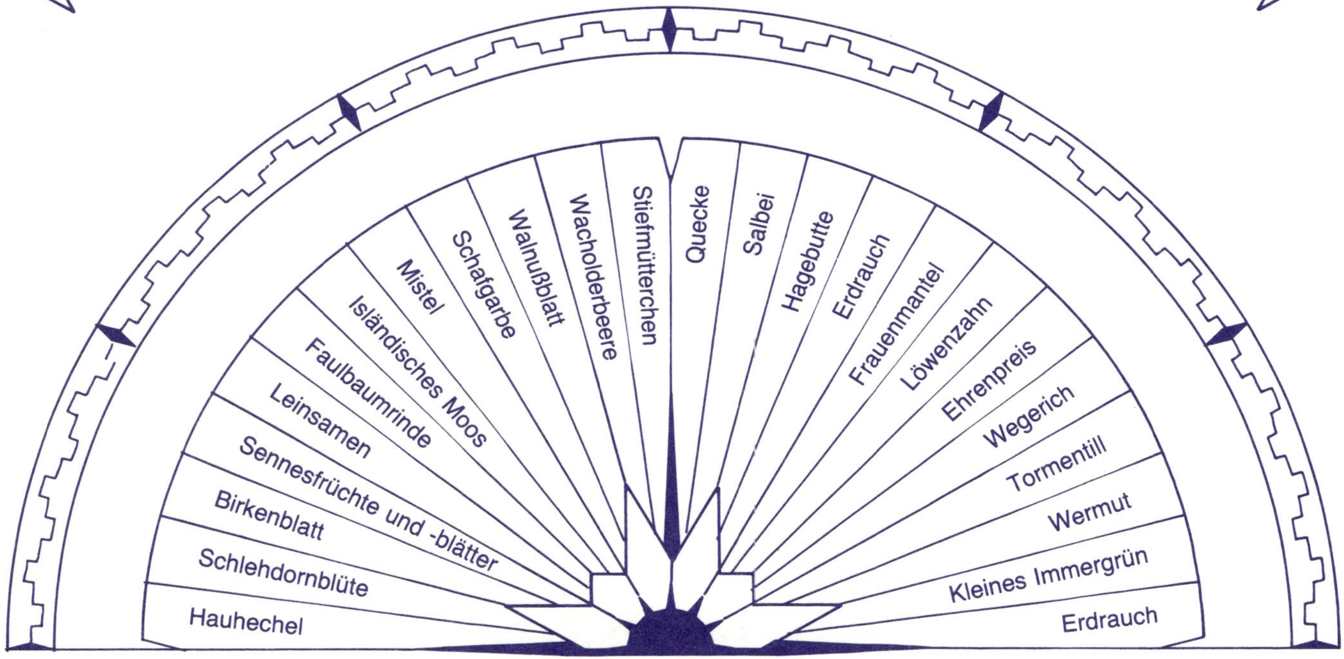

Kräuter für die Blutreinigung
Welches ist für mich am wirksamsten?

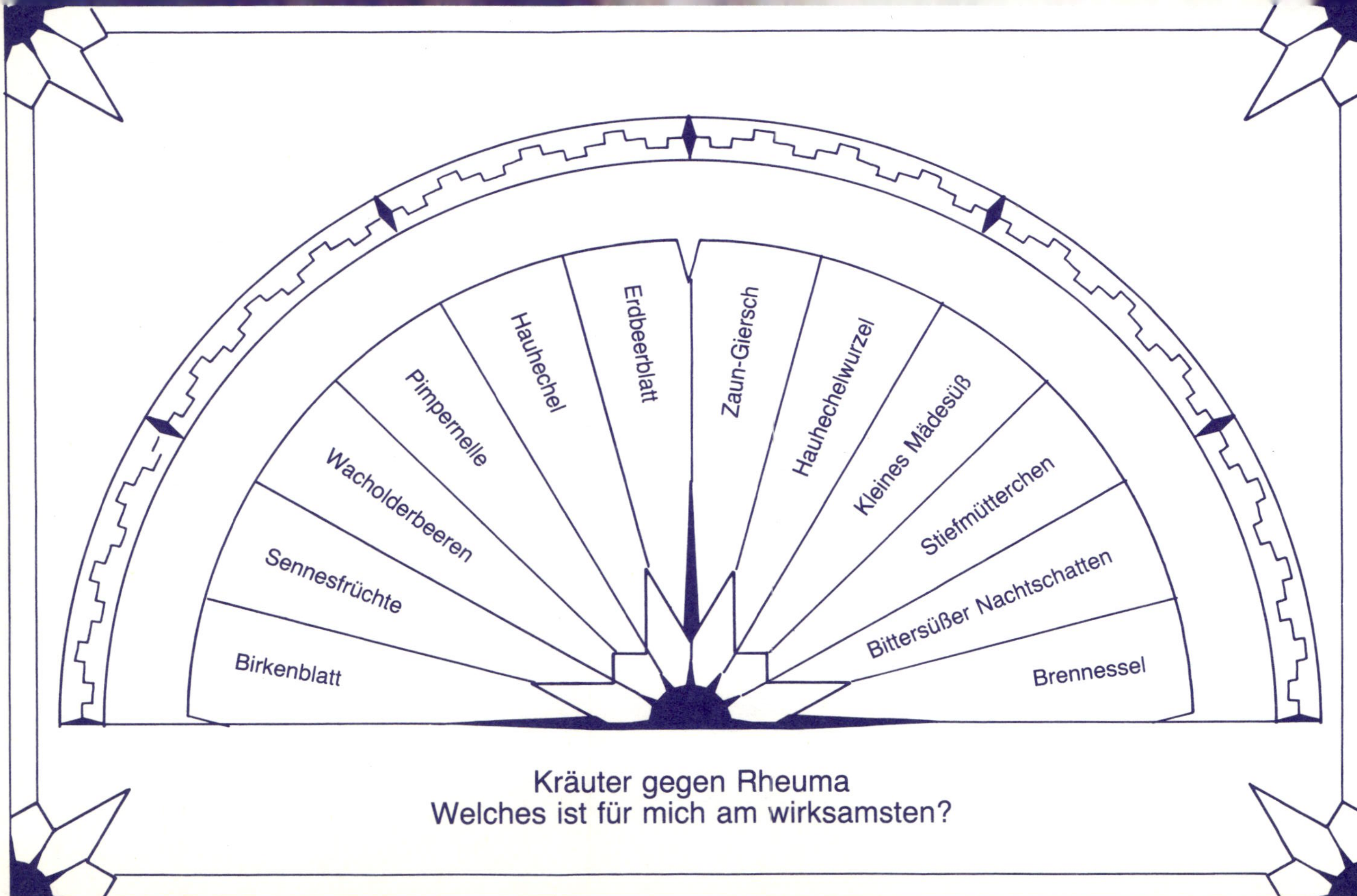
Birkenblatt
Sennesfrüchte
Wacholderbeeren
Pimpernelle
Hauhechel
Erdbeerblatt
Zaun-Giersch
Hauhechelwurzel
Kleines Mädesüß
Stiefmütterchen
Bittersüßer Nachtschatten
Brennessel
Kräuter gegen Rheuma
Welches ist für mich am wirksamsten?

ANMERKUNGEN